行政法研究双書 16

行政訴訟改革

橋本博之著

弘文堂

「行政法研究双書」刊行の辞

日本国憲法のもとで、行政法学が新たな出発をしてから、四〇有余年になるが、その間の理論的研究の展開は極めて多彩なものがある。しかし、ときに指摘されるように、理論と実務の間に一定の乖離があることも認めなければならない。その意味で、現段階においては、蓄積された研究の成果をより一層実務に反映させることが重要であると思われる。そのことはまた、行政の現実を直視した研究がますます必要となることを意味するのである。

「行政法研究双書」は、行政法学をめぐるこのような状況にかんがみ、理論と実務の懸け橋となることを企図し、理論的水準の高い、しかも、実務的見地からみても通用しうる著作の刊行を志すものである。もとより、そのことは、本双書の内容を当面の実用に役立つものに限定する趣旨ではない。むしろ、当座の実務上の要請には直接応えるものでなくとも、わが国の行政法の解釈上または立法上の基本的素材を提供する基礎的研究にも積極的に門戸を開いていくこととしたい。

塩野　宏
園部逸夫
原田尚彦

はしがき

現在の日本において、市民の側から行政活動の違法・不当を争い、権利利益の救済を求める行政救済システムには、法制度的に改善すべき多くの問題点が存在する。とりわけ、行政訴訟（行政事件訴訟）制度には、著しい機能不全という現状があるように思われる。日本社会のなかで、法令をつかさどる膨大な部分を行政が占める一方で、市民の側から、行政活動を法的にコントロールするための装置として行政訴訟制度によせる期待可能性は、きわめて小さなものにとどまっているのではないか。本書は、このような現状認識のもとで、わが国の行政訴訟制度の改革にむけた議論に資するべきことを意図している。

本書の内容は、現在のフランス行政裁判法制を対象とした比較法研究を基軸としている。筆者としては、あえて主題について比較法研究を行うことが、現在の日本においてアクチュアルな意味を持ち得ると考える。すなわち、現在の日本の行政訴訟の法理論の本質的な部分において日仏に共通する部分がある一方、フランスの行政訴訟制度は、日本とは対照的に、社会的に重要な役割を果たし、さらにその機能を維持・拡大するべく大胆かつ急速な制度改革を受けつつある。このことから、筆者は、フランスの行政訴訟改革を比較法的に分析することをとおして、日本で行政訴訟制度を抜本的に改革するための議論をする上で必要な情報を提供できる、と確信している。

行政活動を法的にコントロールするシステムは、二一世紀のわが国において、整備し直すことが是非とも必要な社会的インフラであろう。筆者は、フランスの行政訴訟改革を礼賛しようとするものではなく、ひとつのモデルとして、その実際的経験を参照することを試みるものである。

本書は、新しく書きおろした二つの章と、公表ずみの論文に加筆訂正を施した三つの章及び補論から成る。各章の初出は、次のとおりである。
序　章（書きおろし）
第一章（フランスにおける行政訴訟改革の動向―立教法学五三号・一九九九）
第二章（書きおろし）
第三章（フランス行政法における総合的判断手法と分析的判断手法―立教法学三七号・一九九二）
第四章（行政決定の違法性と行政賠償責任・雄川一郎先生献呈論集―有斐閣・一九九〇）
補　論（行政判例と行政法学の交錯―日仏法学二〇号・一九九七）
既出論文については、本書全体の趣旨に合致するように、大幅に書き直している。特に、第一章については、二〇〇〇年の制度改革を取り込むための加筆を施してある。
行政訴訟改革については、本書の脱稿後も日仏両国で重要な研究成果が続々と公表されている。最新の文献をフォローできないのは活字メディアの宿命でもあるが、本書の執筆にあたり、コンパクトな中に必要な情報と理論的分析が収まるように工夫したつもりである。

本書の刊行は、塩野宏先生のご助力とご指導により、はじめて可能になった。塩野先生は、筆者にとって初めてのモノグラフである『行政法学と行政判例』（有斐閣・一九九八）につづき、本書についても、草稿全体に目を通された上で貴重なアドヴァイスを下さり、出版に向けて多大なご配慮をいただいた。塩野先生のご学恩に報いるにはほど遠いこと忸怩たる思いではあるが、拙い本書を、古稀を迎えられた塩野先生に捧げさせていただきたい。

本書の出版にあたり、弘文堂編集部の丸山邦正氏のご尽力を得た。同氏及び弘文堂のスタッフの方々に心から御礼を申し上げる。

最後に、妻櫻井敬子には、そろって同時期にモノグラフを公刊できたことの喜びを分かち合うと同時に、日常的な支援に心から感謝したい。

二〇〇一年七月

橋本博之

目次

〈凡例〉

一　フランス語文献の引用にあたって、次の略語を用いる。

Actualité juridique dorit administratif＝AJ
Conseil d'Etat＝CE
Conseil constitutionnel＝CC
Etudes et documents du Conseil d'Etat＝EDCA
Juris-classeur administratif＝JCA
Juris-classeur périodique＝JCP
Recueil Lebon＝L
Recueil Dalloz＝D
Recueil Sirey＝S
Revue administratif＝RA
Revue du droit public et sciences politique＝RDP
Revue française de droit administratif＝RFDA
Tribunal des Conflits＝TC

二　本書の執筆において特に参照した書物につき、次のように略記している。

Auby et Drago,Traité de contentieux administratif, 3 éd., 1984＝Auby et Drago, TCA
Chapus,Droit du contentieux administratif, 7 éd., 1998＝Chapus, DCA
Chapus,Droit administratif gênéral,tome 1, 11 éd., 1997＝Chapus, DAG
Gohin,Contentieux administratif, 1996＝Gohin, CA

序章

一　本書の目的

現在、わが国では、司法制度改革の論議が盛んである。このような状況下で、日本の行政訴訟制度の問題点、とりわけその機能不全を指摘した上で、行政に対する裁判的コントロールのあり方、さらには、日本の行政救済システム全体のあり方について、論じられる機会が増えている。一部の論者からは、行政事件訴訟法の改正に向けた具体的提言がなされるに至っている。(1)

今般の司法制度改革論では、「法の支配」というキーワードが語られることがある。著者自身は、率直に言って、首相官邸ホームページからリンクを張られた各種文書に散りばめられる「法の支配」という表現につき、それが用いられる文脈に対して強い違和感を持つことも多かった。(2)しかしながら、いずれにしても日本において「法の支配」に基づく改革の必要性は疑いがなく、その場合に、日本社会における行政活動の占める比重の高さと、行政訴訟制度の著しい機能不全という現状から、行政作用の法的コントロールの問題、なかんずく、行政訴訟制度改革の問題は、当然に俎上にのぼすべき事柄であろう。行政活動について、「法律による行政」と「適正手続」という二つの基本原理の実質化に資するような行政訴訟制度の姿を構想し、国民にとって「使い勝手の良い」行政訴訟手続を具体化することは、わが国の重要な課題のひとつと思われる。日本において、近代的行政法モデルの定着を全面的に否定するのであればともかく、右モデルを前提にその現代的な進化を追究するという前提に立つのであれば、行政訴訟制度の改革の議論を避けては通れないであろう。そして、おそらくは、行政事件訴訟法の改正といった事柄にとどまらず、各種の行政実体法・行政手続関連法や、裁判外の行政上の救済手続を含む、全体的な制度改革を視野に入れた本格的な論議が必要なのであろう[3]。

本書は、このような主題について、比較法的に特色のあるフランスの行政裁判制度における問題状況を検討し、わが国の議論に比較法的観点からの素材を提供しようとするものである。

本書の内容は、①フランスで現在進行中の行政訴訟制度改革についての比較法的検討、②行政救済システムの構造、とりわけ行政訴訟類型論の動向に関する理論的分析、という二つの軸から構想されている。全編のベースはフランス行政法に関する比較法研究にあるが、本書の意図するところは、比較法研究から獲得した視座を日本の議論状況の中に提示することにある。そこで、以下、本書においてフランス行政訴訟制度を研究対象とする意義について、若干の背景的説明も含めて、略述しておきたい。

（1）　一九九〇年の公法研究五二号が、前年の日本公法学会第二部会のテーマ「現代型訴訟――争訟制度の改革に向けて」の下での七本の論文を掲載しているほか、一九九〇年代以降、例えば、塩野宏「行政事件訴訟法改正論管見」成蹊法学四三号四五頁以下、阿部泰隆『行政訴訟改革論』、山村恒年編『市民のための行政訴訟制度改革』といった重要な業績が公表されている。
（2）　今関源成「『法の支配』と憲法学」法律時報七三巻一号二五頁以下は、事物の本質を突く批判として貴重である。
（3）　塩野宏の第二一回司法制度改革審議会での発言（http://www.kantei.go.jp/jp/sihouseido/dai21/）を参照。

二　フランス行政法の比較法的意味

フランスは「行政法の母国」である。フランス革命以降の政治制度の展開の中で、公権力作用の法への服従という大原則を掲げ、公益性の要請から導かれる行政活動の権力的要素と、主権者たる市民の自由の間のバランスを図る法の体系として、フランス行政法は生成し発展してきた。フランス行政法は、単に比較法上のモデルというにとどまらず、近代国家における「行政法」ないし「行政制度」の原点である。戦前の日本が主としてドイツから導入した近代的行政法学も、比較法的にその「母国」をたどるならば、フランス行政法に行き着く。かのオットー・マイヤーが、当時ドイツ統治下にあったストラスブールでの『フランス行政法の理論』の公刊から自らの行政法学を出発させたことにその一端がうかがえるように[4]、フランス行政法は、ヨーロッパ大陸型の行政法システムの原型として、比較法的に特別な地位にある。この意味で、主としてドイツから導入された日本の行政法も、比較法上フランス行政法と無縁ではあり得ないし、実際に、日本の行政法学界において、フランス行政法を素材とする比較法研究は、相当の蓄積を得ている。

　このようなフランス行政法を特徴づけるのは、コンセイユ・デタを頂点とする行政裁判制度の存在である。フランス行政法は、実体法上の法原理及び具体的な救済手続法の双方において、その主要部分が行政裁判所の判例法として形成された。大革命を経たフランスでは、憲法体制の度重なる変転にもかかわらず、行政裁判制度の下で行政法学が一貫して生成を続け、共和国体制下での精緻な行政法学へと到達する。「憲法の変転と行政法の不変」という命題は、オットー・マイヤーがかの表現を用いる以前のフランス行政法について、見事に当てはまるように思われる。また、行政裁判制度下での判例法という柔軟性によって、フランス行政法は、現在に至るまで絶えざる変革を遂げてきた。これに加えて、一九八〇年代以降は、行政救済をめぐる現代的課題に対処すべく、もっぱら立法措置による行政裁判制度・行政訴訟手続の大幅な変革が図られている。フランス行政訴訟法制は、行政裁判制度下での公益性・権力性と国民の自由のバランスという骨格は維持しつつも、現代の憲法規範やヨーロッパ法の影響を受けつつ、行政作用を法的にコントロールするためのシステムとして有効に機能するべく、大胆な改革の最中にある。

　フランス行政法は、その歴史的先進性から、各国で行政法学が発展する際に比較法上のモデルとして、大きな影響を与えた。また、フランスでは、行政活動の適法性を裁判的にコントロールする機関としてコンセイユ・デタが高い権威を獲得して以降、行政訴訟という観点から行政法体系を構築するという基本的視点による行政法学が早々に確立される。日本の伝統的な「行政法総論」も、行政訴訟との関連づけにより構成される部分が多いように見えるが、そこには、フランスに生まれた行政訴訟との関連による行政法総論体系と、基底部分での共通性がうかがわれる。実際、日本の行政法学の展開過程において、フランス的な行政法体系、すなわち、行政行為を裁判的コントロールに服すべきものとして手続的に概念構成し、行政訴訟ないし行政救済手続の側から行政活動を法理論的に構成しなおす、というモデルに、強い比較法的関心が向けられた時期もあった(5)。そうであるならば、一方で伝統的なフランス・モデルの行政訴訟制度がかつてない大きな転換を遂げつつあることは、行政訴訟制度論のレベルにとどまらず、行政法理論体系への影響という意味で、同様に行政法学の転換が迫られている日本の問題状況へも示唆的と言い得るであろう。

ちなみに、著者の見聞するところ、フランスの法学教育において、行政法学は、民法と並ぶ文字どおりの基本科目としての地位を占めており、さらに、公共政策に関連する様々な法領域の法学教育が、行政法学の応用・発展形という位置づけの下に大規模に展開されている。日本の行政法学界では、「従来型」行政法学の地位低下への危機感から、現代の問題状況に適応した行政法学の再構築に向けた論説も盛んである。行政法学のあり方について比較法的視点を求めるとすると、現実に行政法学が比類ない重要な地位を占めているフランス・モデルに知的関心を向けることも、全く無意味ではなかろう。同じく筆者の見聞によれば、ドイツでは、研究者の専攻が公法学全体に及び、その反面として行政法という科目がフランスよりも縮小している、という印象を受けた。日本の行政法研究者が縮小型の行政法ディシプリンを担任するとすれば、それは、フランス型とドイツ型を自己収縮的にミックスした形態を採っているようにも見える。いずれにしても、日本で行政法学の再構築を志向する場合に、行政法学が基幹的ディシプリンとして興隆している比較法的モデルを調査することは、決して不自然ではあるまい。

（4）　塩野宏『オットー・マイヤー行政法学の構造』一頁以下。
（5）　兼子仁『行政行為の公定力の理論』に代表される。

三　わが国の行政訴訟改革への示唆

フランス行政裁判制度の比較法上の特色はどこにあるのか。右について、ルネ・シャピュは、①司法裁判系統からの絶対的な分離、②司法裁判官とは異なる行政に組み込まれた行政裁判官による裁断、③違法な行政行為の取消しのみでなく損害賠償まで含む公権力行政に係る紛争に対する管轄、の三つの特質の統合にある、と指摘する。同じく、シャピュは、フランスの行政訴訟が、原告適格を導く訴えの利益と、訴えの対象となる行為の範囲の両面で、原告となる国民に最も開かれたシステムであることを強調している。(6)

翻って、日本に目を転じるならば、そもそも行政裁判制度を持たないわが国の行政救済システムと、フランス型の行政裁判制度とは、比較法上全く異なるモデルということになる。最近の日本で展開されている行政訴訟制度改革の議論の中で、フランスの行政裁判制度の現状を参照することが少ないのも、右の相違によるところが大きいのであろう。しかしながら、筆者は、**二**で述べたようなフランス行政法学の比較法上のモデル性ということを除外しても、あえて現時点でフランスの行政訴訟をめぐる問題状況を紹介しようとすることに、次に述べるような意義がある、と考える。

まず、フランス行政裁判制度の一般的特質として、①行政裁判官の「専門性」を前提とする行政訴訟システム、②行政訴訟による紛争解決が社会的に機能している法システム、といった事柄を指摘することができる。

フランスの行政裁判所を構成する行政裁判官は、司法裁判官とは異なる行政官であるとともに、行政法及び行政実務に精通したエリートとしての高い地位を得ている。よく知られているように、行政裁判官の中核がＥＮＡ（国立行政学院）出身者で占められていることもあり、行政裁判官は文字どおり最高レベルの高級官僚としての社会的位置づけを得ている。さらに、一九八〇年代には、一方で行政裁判官の独立性の強化が、他方で「控訴行政裁判所」の新設が、それぞれ立法化されたのをはじめ、フランスの行政裁判制度は、法制度的にも人員等の組織面でも、近年に至って立法の整備により一層の拡充が続けられている。フランス・モデルは、行政法ないし行政実務の特殊性・専門性を反映した行政裁判官が担い手となった行政救済システムのひとつの典型であるし、そうあり続けるための努力が続けられている。(7)

また、フランスの行政裁判は、伝統的に集権的で強固な官僚制を持つフランスにおいて、行政救済システムとして一定の機能を果たしている。各種の統計資料は日本にも色々と紹介されているが、行政裁判所における新規事件数（一九九九年）は、地方行政裁判所（フランス本土に二七庁、海外県・海外領土に八庁の計三五庁）で一二〇、五六七件、控訴行政裁判所（七庁）で一八、六三三件、コンセイユ・デタで一二、七四七件、となっている。行政決定の取消しを求める越権訴訟では弁護士を立てる必要がなく、判決までの審理期間は平均一年六か月程度と言われている。行政訴訟手続上の訴訟要件（処分性、原告適格等）の広さや、行政裁量の裁判的コントロールの法理の発展などもあり、フランスの行政裁判は、それが現代社会において、国民による行政作用の裁判的統制につき一定の機能を果たしている法制度上のモデルと言えよう。(8)

右の特質は、フランス・モデルの行政裁判制度に固有の事柄であり、日本とは全く接点がないようにも見える。しかし、現在の日本では、従前の行政訴訟制度のあり方を根本的に見直すための議論がなされており、フランスの現状も比較のための素材とはなり得るであろう。行政法に精通した高度の「専門性」を持つ行政裁判官による行政救済システムのあり方の経験と実際は、そのようなモデルの導入の適否を考察する際の判断要素となろう。現在の日本において、行政審判制度の充実や、行政事件を専門に扱う裁判所の創設など、日本国憲法の枠内で行政法の「専門性」を踏まえた紛争解決制度・裁判制度の導入が主張される場合がある。[9] この点、フランスの行政裁判の実情・現状は、行政救済の有り様の一例として、その長短の評価を含めて比較検討の対象となり得よう。

また、フランスにおいては、各行政裁判所において多数の判決が生み出されており、このことは、二〇〇年を超える行政裁判の歴史と相まって、行政裁判実務に関する止むことのない膨大な蓄積が存在することになる。右の経験と蓄積を参照することは、行政訴訟制度の著しい機能不全を特色とする日本の現状を前提に、その将来像を構想しようとする場合に、多くの問題発見的な意味を持ち得るであろう。

さらに、行政訴訟手続の法的特色の面でも、フランス・モデルは、日本の問題状況に比較法上の視点を提供する要素がある。

フランス行政訴訟手続の基本構造は、日本的に言えば、抗告訴訟（行政行為の取消しを原則とする）による事後的救済を原則としている。この点で、現在の日本の行政事件訴訟の構造と、一定の共通性がある。そこから、行政行為（日本では行政処分、フランスでは行政決定）を争うための出訴期間に制約があり、その徒過によって行政行為の不可争性が生じることや、行政訴訟の提起によっても行政行為の執行が停止しない執行不停止原則が採られていること、さらには、行政行為の公権力性を行政訴訟との関連で手続的に説明する理論構造など、行政訴訟と行政行為論の関連性という部分に、日本とフランスの共通点が生じる。この点について、一九八〇年代以降のフランスの行政訴訟改革の流れの中で、行政裁判官の権限が行政決定の取消しに限定されない訴訟類型（これが全面審判訴訟である）へのシフトが見られ、さらに、一九九五年の行政訴訟改革法は、判決の執行確保という枠内ではあるが、行政裁判官が行政機関に対して作為命令を下す権限を法定した。また、二〇〇〇年になって、フランス行政訴訟における仮の救済手続の大改革が実現したが、そこでも、執行不停止原則こそ維持されたものの、原告が仮の救済を求める手続が整備し直され、仮処分裁判官が行政機関に命令を下す権限が拡大された。このようなフランスの行政訴訟改革は、行政行為の事後的取消しを基軸とするモデルでは現代の行政救済システムとして不十分な部分があり、フランス型行政救済の基本構造は維持しつつも、それを立法措置によって改革して行こうとする流れを示しているように思われる。日本においても、これらと同様の課題が突きつけられていることは明らかであろう[10]。

フランスの行政訴訟手続を代表する越権訴訟は、行政決定の違法性を争って取消しを求める訴えである。越権訴訟の手続は、訴えの対象となる行政決定の概念の広さ（例えば行政立法を含む）、原告適格の判定における訴えの利益の柔軟さ、違法性判断における裁量統制の法理の発達など、国民が行政作用の適法性について広い裁判的コントロールを求めることを可能にするシステムの比較法的モデルとして知られている。このため、日本でも、越権訴訟に関する比較法研究は、すでに様々な角度から詳細に行われてきた。しかし、日本における越権訴訟研究の成果は、必ずしも日本の解釈論・立法論に結びつくのではなく、モデルとしての彼我の対比を浮かび上がらせるという場合が多かったように思われる[11]。本書では、越権訴訟の法制度そのものよりも、越権訴訟の現代的な変革論に着目したい。とりわけ、行政訴訟類型上、行政決定の事後的取消しという越権訴訟の枠組みの限界に関する議論は、本書の主たる分析課題のひとつとなる。もちろん、現時点でも、越権訴訟のより一層の整備・拡大の努力が続けられ、さらに、地方分権改革法による適法性統制訴訟（国の機関が分権化された機関の活動について取消しを求めるシステム）という新しいタイプの越権訴訟の創設がなされたこと等を、見落とすものではない。

フランスの行政訴訟は、右の越権訴訟と並び、行政賠償責任訴訟を典型とする全面審判訴訟の類型がある。越権訴訟と全面審判訴訟の並立というフランスの訴訟類型の構造は、日本の行政法研究者が、行政訴訟における主観訴訟と客観訴訟という観点から理論的考察を行う際に比較法上の研究対象とされた。もっとも、フランスの場合、越権訴訟について、訴えの利益は大幅に緩和されているもののこれを民衆訴訟と捉えてはいないし、全面審判訴訟についても、手続の構造上は行政決定前置による抗告訴訟の形態となっている。したがって、フランスにおける越権訴訟と全面審判訴訟の併存という構造は、日本に置き換えるならば、包括的な抗告訴訟の概念下での、取消訴訟とそれ以外に想定される訴訟類型の関係に類比される、という見方も可能である(12)。

筆者は、この全面審判訴訟という訴訟類型の理論的位置づけに特に注目しているのであるが、近時の行政訴訟改革において、越権訴訟から全面審判訴訟へのシフトが見られることは、比較法的関心を惹かれる事柄である。これは、日本において、包括的な抗告訴訟概念の下で義務づけ訴訟・予防的不作為訴訟等をどのように拡大するのか、という方向性での議論をする場合に、フランス・モデルの下での対応状況を比較法的に考察する、という意味があるように思われる。同時に、訴訟の理論的構造とは別に、フランス行政訴訟手続において越権訴訟と全面審判訴訟が二大類型を構成することは、行政救済システム全体の中で、日本で言う取消訴訟と国家賠償という二つの救済システムの相互関係の理論的処理について議論の蓄積をもたらしている。この点、両者を法治主義の担保のための手続として連続的に捉えようとするドイツ・モデルとは異なり、フランス・モデルでは、国家賠償手続の権利救済システムとしての固有の意味（それはフランスの国家補償制度が比較法上非常に充実していることの反映でもある）を重視しているように思われる。本書では、この点についても、比較法的な分析を行っている。

さらに、フランスの行政裁判における審理手続は、基本的に職権主義的であり、書面主義を原則としている。また、フランスでは、近時の行政訴訟改革の中で、和解・調停の活用という点が盛んに論じられ、一部は法整備がなされているし、行政訴訟と、それに先行する行政上の救済手続の関係についても、改革が模索されている。これらの論点に関するフランスの経験についても、比較法的検討の素材となり得るであろう。

これまで、日本の行政法研究者による業績には、フランス行政訴訟制度と何らかの関連性をもつ比較法的研究が多数存在し、それらが達成した水準は相当に高い。他方で、比較法研究の意義についての懐疑が多く示される中、とりわけ日本におけるフランス行政訴訟研究の成果が、日本の議論状況に反映されているとは必ずしも言い難い現状がある。しかし、日本における行政訴訟システムの将来像について議論が活性化しているおり、比較法的に特色あるフランス行政裁判制度を素材とした研究の成果をわが国の行政訴訟のあり方に係る議論と接合するように努めることは、比較行政法研究の担い手全体の責務と言うことができるであろう。本書が、右のような観点での比較行政法上の議論の活性化に少しでも役立つことを希求する次第である。

（6）　Chapus, DCA, pp. 8-9.

（7）　司法研修所編『フランスにおける行政裁判制度の研究』三一七頁以下は、日本の裁判実務家によるフランス行政訴訟制度の現状分析として、非常に参考になる。

（8）　なお、司法裁判所とは別系列の行政裁判所としては、控訴行政裁判所—地方行政裁判所という通常のものとは別に、会計院を始めとする各種の特別行政裁判所が存在する。本書の分析対象は、通常の行政裁判所に限定されているが、フランス社会における行政裁判制度の全体像という点では、特別行政裁判所の存在とその役割を見落としてはなるまい。

（9）　平成九年一二月三日付け行政改革会議最終報告（http://www.kantei.go.jp/jp/gyokaku/report-final/）では、将来の課題として「行政審判庁」構想について言及している。この構想は、審査請求を取り込んだ裁判の前審としての手続であり、行政裁判制度によるフランス・モデルと対照を成すことは言うまでもないが、行政法の「専門性」を前提にした行政内部的な救済システムの機能という面で、フランスの経験は示唆を与えるであろう。もちろん、フランスの行政訴訟改革における前審的裁断と行政訴訟手続との関係づけという議論は、ストレートに比較法的検討の意味を持つであろう。また、園部逸夫は、司法制度改革審議会第四一回（http://www.kantei.go.jp/jp/sihouseido/dai41/）において、日本が大陸法的法文化にあることを指摘しつつ、行政事件の専門裁判所としての「行政裁判所」の設置を提唱している。右の園部の見解は、フランス行政裁判制度それ自体の比較法研究の必要性と、より直接的に結びつくものと言える。

（10）　フランスにおいて、越権訴訟のシステムの限界が論じられる際に、ドイツにおける義務づけ訴訟の制度を意識することが多いとされる。この点、阿部泰隆が、越権訴訟の詳細な比較法研究をものした後に、日本における義務づけ訴訟の導入について説得力ある論陣を張ったことは、けだし慧眼と言うべきである。

（11）　例えば、雄川一郎「訴の利益と民衆訴訟の問題——主観的訴えの拡大とその限界に関する一般理論への試論」同『行政争訟の理論』二八七頁以下では、訴えの利益を拡大して客観訴訟に接近させる解釈論上の可能性を探究するための比較法的考察として、アメリカ法、ドイツ法と並んでフランスの越権訴訟についても的確な分析がなされている。

（12）　他方、全面審判訴訟によって公法上の法律関係が争われているという部分に着目すれば、日本で言う形式的当事者訴訟に類似することになる。参照、阿部泰隆『フランス行政訴訟論』七二頁。

四　フランス行政訴訟手続の基本構造

本書の意図は右のとおりであるが、現状では、フランスの行政裁判制度や行政訴訟手続について、必ずしも大方の関心を惹くまでは至っていない。そこで、本書の導入という趣旨から、フランス行政訴訟制度の概略と、一九八〇年代から二〇〇〇年に至るフランスの行政訴訟改革の動向について、ごく簡単に解説しておきたい。

フランス行政訴訟の基本構造は、先行する行政決定の事後的取消しにある。フランス行政訴訟手続は、原則として決定前置主義による。ここでの決定とは、通常の行政決定であり、行政不服申立てに対する裁断のことではない。例えば行政賠償責任を請求する場合にも、原告側は行政機関に対して賠償の支払いを求め、それに対する行政決定を経由した上で訴えを提起することになる。行政決定に対する出訴期間は原則二か月であり、行政の不作為については原則的に四か月経過すると拒否決定（黙示の拒否決定）となり、これを訴訟で争うことができる。

右のように、フランス行政訴訟は、全体として日本で言う抗告訴訟に類似する基本構造にあるが、現在の実定法上、その主要部分は、越権訴訟と全面審判訴訟という二つの訴訟類型によって占められている。

まず、越権訴訟とは、行政決定の違法性を争って当該行政決定の取消しを求める行政訴訟である。越権訴訟は、原則として全ての行政決定を対象とし、訴えの利益も広く解釈されており、基本的な訴訟要件において、国民に開かれた仕組みになっている。また、弁護士強制が免除され、訴訟手続も簡便であり、国民が行政決定の適法性に関する裁判的コントロールを求めるシステムとして、重要な地位を占めている。

越権訴訟は、法規的性格の行政決定（行政立法）も対象とし、さらに、訓令・通達のように「決定」を構成するか微妙なものについても、その一部について対象性が拡大されている。フランス行政法学上の行為形式論に当てはめると、一方的行政行為（行政契約と対置される）のうち、「決定」と解釈されるもの（意見、答申、決議等は通常「決定」と解釈されない）が、越権訴訟の対象性を満たすことになる。他方、行政契約について、越権訴訟の提起は不能とされてきたが、地方分権改革法による適法性審査訴訟では行政契約を越権訴訟の形式で争うことが可能であり、最近では、より一般的に行政契約の法的効力を直接越権訴訟で争う可能性につき議論がある。

次に、全面審判訴訟とは、公法上の法律関係に係る紛争について、侵害された権利の回復のために損害賠償を命じるなど、行政決定の取消しにとどまらない行政裁判官の全面的な審査権限が発動される行政訴訟である。もっとも、全面審判訴訟という訴訟類型は、行政賠償責任訴訟や行政契約訴訟をはじめ、租税訴訟、選挙訴訟などを含む「寄せ集め的」性格のカテゴリーなのであるが、それが実務に占める重要度は大きい。

全面審判訴訟についても、行政決定前置の原則が該当するので、手続的には抗告訴訟の形をとることになる。全面審判訴訟は、行政裁判官の審査権限が全面的なものになるといっても、通常は行政裁判官の権限は損害賠償の支払命令に限定されており、行政機関に対して義務づけ等の命令を下すことはできない。全面審判訴訟は、行政賠償責任の広範な認容という点を除くと、一般的には原告に対する救済範囲が限定されたものに留まっている。もちろん、全面審判訴訟に関する個別の法制度上、租税訴訟における課税措置の金額変更や、選挙訴訟における当選人の宣言、分類施設に関する許可条件の変更等、行政裁判官が賠償支払命令に留まらない裁断を下すこともできる。近時の行政訴訟改革の中で、行政訴訟の類型論につき、越権訴訟から全面審判訴訟へのシフトが主張される例があるが、そのような場合には、全面審判訴訟という枠組みを活用して、行政決定の事後的取消しという越権訴訟の構造的限界を超えた、現代の行政上の法的紛争の解決に資するような、新しい行政訴訟システムの構築が模索されているようである。先に述べたように、筆者は、全面審判訴訟の活用という議論の動向の中に、日本での、包括的抗告訴訟の下で取消訴訟以外の新しい行政訴訟類型の可能性を探るという文脈での議論についての比較法的視点が存する、と考えている。

いずれにしても、本書は、フランスの行政訴訟類型論、なかんずく、全面審判訴訟の位置づけに関する比較法上の関心を、考察にあたっての理論的基軸のひとつとして設定している。

五　フランス行政訴訟改革の概要

一九八〇年代以降、フランスの行政訴訟制度は、主として新しい立法措置により、その面目を一新する改革を進めてきた。特に、その節目となったのが、一九八七年法及び一九九五年法による行政訴訟制度改革と、二〇〇〇年法による仮の救済手続の整備である。

一九八七年改革（一九八七年一二月三一日法による）の柱は、従来は二層構造であった行政裁判所の組織を、控訴行政裁判所を新しく創設することにより、コンセイユ・デタ—控訴行政裁判所—地方行政裁判所という三層構造にしたことにある。これは、行政裁判機構そのものを根本的に拡充するという、非常に大きな制度改革であった。一九八七年改革では、行政裁判組織の大改編と同時に、コンセイユ・デタが下位の行政裁判所の全体について規律を可能にする手続上の仕組みも導入している。一九八七年改革は、全体として、行政裁判制度の組織的な拡大によって、増大する行政訴訟の迅速な審理に対応できる体制を整えるとともに、コンセイユ・デタを中心に行政法事案の統一的で円滑な処理を可能にすることを意図したもの、と評価できるであろう。

一九九五年改革（一九九五年二月八日法による）の核心は、行政裁判における判決の執行を確保するために、行政裁判官が行政に対して作為命令（injonction）及び罰金強制（astreinte）を発する権限を与えたことにある。このことは、行政裁判官が活動行政に対して執行命令を下すことを禁止していたフランス行政訴訟の一般的原則の少なくとも一部を破るものであるとともに、行政裁判官の権限を強化して行政救済の実効性を高めるための改革として、注目に値する。

二〇〇〇年六月三〇日法（行政裁判における仮処分に関する法律）は、行政訴訟における仮の救済手続について、従前は執行停止制度と緊急手続の二本立てであったものを整理統合した上で、行政訴訟の原告側の仮の救済が手厚くなるように、要件の緩和と仮処分裁判官の権限強化を行った。ここでも、行政訴訟における仮処分裁判官が、仮の救済のために行政に対して一定の執行命令を下す権限が拡充されているし、また、行政の拒否決定に対する執行停止が認められるなど、伝統的にフランス行政訴訟の基本構造に係わる部分が改変され、行政救済の実効性を高める方向への改革がなされている。

その他、個別法による行政訴訟手続の改革・整備も盛んである。一九八二年の地方分権改革法は、市町村の活動につき国の行政機関（通常は官庁としての知事）が取消しを請求するという適法性統制訴訟を導入したが、これは、立法による新しいタイプの越権訴訟の創設として、重要な意味を持つ。他にも、出入国管理行政（外国人の滞在許可、不法滞在者への強制出国措置等をめぐる行政訴訟）や、都市計画行政に関連する行政訴訟など、特定の法領域に関する行政訴訟の増大に対処するため、関連する個別法の改正作業が行われている。個別法の改正による行政訴訟手続の整備は、個別の行政法令レベルも含めた改革の必要性を示唆するのであるが、一方で国民の側に行政訴訟手続の複雑さをもたらす要因となる。この点、フランスでは、一九八九年と二〇〇〇年に、行政訴訟手続の本格的な法典化が実施され、手続の可視性が格段に高まることになった。

以上のような一連の行政訴訟改革は、現代における行政訴訟の増大に対処し、訴えの審理期間を短縮し、行政訴訟を利用する国民の便宜を志向するものと言える。他に、行政訴訟改革の要因としては、憲法院の判決による行政訴訟手続に関する憲法上の原則の確立、ヨーロッパ法に基づく手続上の権利や原則の増大による影響といった事柄も、指摘することができる。

なお、フランスの行政裁判所の新規事件数に関する数値（一九九九年のもの）は、すでに紹介したが、若干の補足をしたい。地方行政裁判所について、新規事件数は一九八九年と比較して約七〇％増加している。同裁判所の裁判官の総数は、一九八九年に約四〇〇名だったものが五七六名にまで増加し、同裁判所の書記官は七三七名である（二〇〇〇年一月一日現在）。控訴行政裁判所の新規事件数は、一九八九年と比較して約二倍になっているが、控訴率（約一六％）が上がったわけではなく、控訴審管轄の変更（一九九五年以前は全面審判訴訟のみであったが、越権訴訟全般にまで拡大）の影響を受けている。同裁判所の裁判官の総数は、一九八九年の四六名から、一四四名に増加しており、書記官は二一三名である。コンセイユ・デタの新規事件については、出入国関係（ヴィザ発給拒否処分、難民認定拒否処分、不法滞在外国人の国外退去処分等）が多数（五〇五八件）を占めている。(13)

(13)　コンセイユ・デタの研究報告部長であるマリ・エメ・ラトゥルヌリィによる。Marie-Aimée Latournerie, Réflexions sur l'évolution de la juridiction administrative française : évolution et codifcation, RFDA 2000, pp. 921-928.

六　本書の構成

本書の第一章及び第二章は、一九八〇年代から二〇〇〇年にかけて、フランスで進行した行政訴訟改革の動向と、右の改革によってもたらされた新しい行政訴訟制度の紹介を縦軸にしつつ、この改革に並行して行政法理論上展開されている行政訴訟類型に関する議論の動向を横軸に、比較法研究を行うものである。

第一章は、一九八七年法と一九九五年法という二つの大きな制度改革の中身を紹介することを主眼に、一九八〇年代以降の行政訴訟改革論議の全体像を描こうとするものである。繰り返し述べたように、フランスでは、司法裁判と行政裁判が制度的に分離された二元的裁判制度が採用されている。この二元性が訴訟手続上の煩雑さといった固有の問題を生み出すのも当然であり、行政訴訟改革論の大前提として、行政裁判制度の維持の是非に関する論争が想定されよう。この点、フランスでは、一九八〇年代の憲法院判決によって行政裁判制度の憲法上の基礎が確認され、以後の改革も行政裁判制度の枠組みを踏まえたものになった。第一章第一節では、これらの背景事情を確認しつつ、補論として、一九七九年の段階で二元的裁判制度の問題点に言及したイヴ・ゴドメの論文を紹介しておいた。日本との比較で言えば、憲法制度上の根本的差異があるものの、行政訴訟が「社会の安定化装置」として機能するために現代的課題に対処しようとした比較法的モデルであることを示したつもりである。

第一章第二節は、一九八七年法による行政訴訟改革について、控訴行政裁判所の創設とそれに伴う訴訟手続上の整備、コンセイユ・デタの役割強化の仕組みを概観し、行政不服申立手続と行政訴訟手続の連動に関する改革の動向も検討している。

第一章第三節は、一九九五年法による行政訴訟改革を扱い、行政裁判官による作為命令の拡大と、執行停止制度の改革を概観する。

第一章第四節は、二〇〇〇年までの行政訴訟改革の全体を通しての論点をピックアップして検討を加える。具体的には、訴訟類型論における全面審判訴訟の拡大傾向、行政訴訟における緊急手続の整備、行政裁判所における和解・調停等の紛争解決手法の導入という主題を取り上げている。なお、二〇〇〇年法による仮の救済制度・執行停止制度の改革の概要については、補注として付記している。

第二章は、フランスの行政訴訟類型論、とりわけ、全面審判訴訟の位置づけに関する比較法的検討を行っている。行政訴訟の構造に関する理論的・制度本質論的な分析を踏まえつつも、現在進行中の行政訴訟改革における、越権訴訟の限界の克服と、そのための全面審判訴訟類型の活用、という動向に注意を払った考察を意図している。フランス行政訴訟類型論は、日本の行政法研究者による成果が多い領域であるが、本書では、現代的な議論状況を踏まえようとした点に特色を持たせている。

第三章及び第四章は、行政訴訟類型論との関わりの中で、比較法理論上の論点を取り上げた分析である。

第三章は、フランスにおいて、越権訴訟と全面審判訴訟という訴訟手続の二元性を、行政の行為形式論に当てはめた場合の枠組みとなる、行政決定―執行作用という枠組みに注目しつつ、越権訴訟の対象性に係る議論の一端に迫ろうとしたものである。日本において取消訴訟の対象性を拡大するという方向性で改革を仮定した場合に生じるであろう問題につき、行政作用の性質決定における総合的判断手法と分析的判断手法のバランスという視点から、比較法的検討を行っている。

第四章は、行政決定について、取消事由たる違法性と、行政賠償責任における役務過失との相関、という論点を理論的に分析したものである。日本では、取消訴訟と国家賠償請求訴訟における違法性判断の相関について、判例法と行政法学説の対立もあって一定の議論がなされているが、蓄積のあるフランスから比較法的視点を得ることを目的とする。この点、日本の行政法学説はドイツの議論に強く支配されていることが多いが、本書は、国家補償による救済の充実を特色とするフランス・モデルによる議論から示唆を得ようとしている。

以上に加え、補論として、行政法研究者と行政訴訟実務家の協働関係という観点から、それが有効に機能しているモデルとしてフランス法の状況を検討した論文を加えてある。日本では、行政法理論と裁判実務ないし判例の乖離がしばしば問題視されており、筆者もその原因の分析と克服の方向性の探究について、強い関心を持っている。補論は、右の乖離状況の克服の可能性を探るという問題意識からなされた比較法研究である。なお、筆者は、日本行政法における判例と学説の関係について、別に「判例実務と行政法学説——方法論をめぐる一考察」（塩野宏先生古稀記念『行政法の発展と変革（上）』三六一頁以下）を執筆した。右主題に関する日本行政法プロパーの分析については、右拙稿を併せて参照いただければ幸いである。

第一章　フランスにおける行政訴訟改革

第一節　行政訴訟改革の背景

一　総説

現在、フランスの行政訴訟制度は、大きな改革の途上にある。フランスの行政裁判制度は、アンシャン・レジーム期に源流をもち、大革命期以来の歴史的伝統の下に独自の発展を遂げ、ヨーロッパ大陸型の行政法モデルの典型を占めるに至った。また、フランスの行政裁判制度は、行政活動の法的統制を可能にする近代的な行政法をいちはやく生み出す基盤となり、歴史的文脈での先進性は大方の認めるところである。(1) このようなフランスの行政裁判制度は、一九八〇年代以降、行政訴訟をめぐる様々な現代的課題に対応するべく、大胆に改編されつつある。

フランス行政裁判制度は、時代の要請に対応して常に変革されてきたのであり、二〇〇〇年を超えるフランス行政訴訟の歴史的発展は、このような意味でまさに変革の過程であった。(2) また、フランスの行政訴訟手続の主要部分がコンセイユ・デタを頂点とする行政判例法として形成されていることも、判例法の止むことのない進化という形で、フランス行政裁判の恒常的な変革を特色づける要素となってきた。(3) こうした中でも、一九八〇年代から二〇〇〇年にかけて、もっぱら立法措置により、多くの重要な改革が進められていることは、非常に画期的なことと言える。この動向の背景には、行政手続法制の整備、都市計画法・地方分権法等の個別法による特殊な手続の導入、ヨーロッパ統合に関わる法整備、といった事柄を見てとることができる。そして、近年の行政訴訟改革の中心と言えるのが、一九八七年一二月三一日法と、一九九五年二月八日法という二つの法律であり、これらは、行政訴訟の事件数の増大を背景にした訴訟の遅延への対策を第一にしつつ、行政裁判所の組織と行政訴訟の手続の両面について相当に大きな変革をもたらしたのである。(4)(5)

本章は、一九八七年法及び一九九五年法に関連する論点を中心に、最近のフランス行政訴訟改革の動向について検討しようとするものである。(6) 叙述の意図は、行政法の母国たるフランスにおいて、行政活動を法的に統制するシステムとして機能してきた行政裁判につき、現代的課題を克服して「社会の安定化装置」であり続けるべく試みられている大幅な制度改革に係る問題状況について、行政法理論の観点から考察を行い、行政訴訟制度のあるべき姿を論じるための基盤となる比較法研究の発展に資することにある。(7)(8)

(1)　フランス行政法は、「行政作用が要求する実効性と、恣意に対する私人の保護との間に均衡を図ることを、もっぱら指向」する法的システムとして、比較法上のひとつのモデルとなっている。参照、リヴェロ（兼子仁＝磯部力＝小早川光郎編訳）『フランス行政法』（以下、リヴェロ・フランス行政法として引用）三三五頁。このフランス行政法は、司法裁判所と系統を異にする行政裁判所の判例法という形で、私法と対置される自律的な法体系として独自の発展を遂げた。その際に、行政裁判制度の頂点に立つコンセイユ・デタの「自由な法創造機能」と「自由主義的な性格」の帰結として、「行政権の恣意を抑え国民の権利を保護する」行政法体系が形成されたのである。参照、雄川一郎『行政争訟法』二二頁以下、同『行政争訟の理論』三七頁以下。

(2)　滝沢正は、一九八三年の論文において、フランスで「現在に至るまで執拗なまでに絶えず裁判所による行政活動の統制を高める努力を払ってきている事実」から、「行政裁判所による古典的統制の機能性をあくまで追究する大陸法的なゆき方を固執する一つの典型」を見いだしている（「フランスにおける行政裁判制度の改革」日仏法学一三号七三頁）。滝沢の分析は、現在までのフランス行政訴訟改革の全体的な特色を端的に言い表すものと評されよう。

(3)　最近における行政判例法上のトピックとして、例えば、内部的措置（mesure d'ordre intérieur）に対する越権訴訟の拡大（CE 17 février 1995, Marie, Hardouin, RDP 1995, p. 1358.）や、統治行為理論の適用（CE 29 septembre 1995, Association greenpeace France, RDP 1996, p. 256.）等がある。また、行政訴訟類型論と関連した最近の行政判例法の展開について、本章第四節Ⅰ、第二章第三節Ⅱを参照。

（4） 一九九五年改革を経た時点でのフランス行政訴訟制度の全体像を概観するものとして、司法研修所編『フランスにおける行政裁判制度の研究』がある（以下、司法研修所・研究として引用する）。

（5） その後、二〇〇〇年には、さらに二つの大きな行政訴訟の制度改革が実現するに至っている。まず、二〇〇〇年五月四日オルドナンス及び同日デクレによって、行政裁判所法典（Code de justice administratif）が編成された。これによって、コンセイユ・デタ、控訴行政裁判所、地方行政裁判所を通じる組織及び手続の法的仕組みについて、法典化が完成を見たことになる。条文については、http://www.legifrance.gouv.fr/において参照できる。行政裁判所法典については、Casanova, Le Code de justice administrative, AJ 2000, p. 639 ; Latournerie, Réflexions sur l'évolution de la juridiction administrative française, RFDA 2000, p. 921 ; Chapus, Lecture du code de justice administrative, RFDA 2000, p. 929. さらに、二〇〇〇年六月三〇日法は、行政裁判手続における緊急審理手続を大幅に改革し、行政訴訟における仮処分手続（référé）を始めとする手続上の変革がもたらされた。この点について、フランス行政法雑誌（Revue française de droit administratif）一六巻二号に立法資料も含めた特集が組まれている（La réforme des procédures d'urgence : le nouveau référé administratif, RFDA 2000, p. 941 ets.）ほか、Vandermeeren, La réforme des procédures d'urgence devant le juge administratif, AJ 2000, p. 706. 二〇〇〇年法による改革の概略は、本章第四節Ⅱに補注として紹介している。

（6） 一九八七年から一九九五年に至るフランス行政訴訟改革についての標準をなす概説として、コンセイユ・デタ訴訟部長であったコンバルヌの論稿がある。Combarnous, La réforme du contentieux administratif, AJ 1995, spécial, pp. 175-182. 右論文において、コンバルヌは、行政訴訟改革の要因として、都市計画・環境保全・外国人の滞在及び退去に係る新しい訴えが顕著に発展した一方、税務訴訟・公務員訴訟・公土木訴訟という伝統的な訴えも依然として重要性を保っており、行政裁判に付される事件数が増大したことを挙げる。さらに、コンバルヌは、行政事件の量的拡大が、訴訟期間の縮減に関する要請の高まりや、法令の複雑化と不安定化・公共団体の介入手法の多様化による事件の複雑さの増大という、数量的把握の難しい行政訴訟改革の要因をもたらしていることも指摘する。コンバルヌ論文については、すでに、平田和一「フランスにおける一九九五年の行政訴訟改革」専修法学論集七一号四五頁に紹介されている。

（7）　フランスの行政裁判の現状とその問題点を日本の裁判実務家の視点から記述したものとして、司法研修所・研究三一七頁以下が参考になる。フランスの行政裁判制度を「社会の安定化装置」とする表現は、同書三三〇頁によっている。

（8）　山村恒年編『市民のための行政訴訟制度改革』六九頁以下には、日本の行政訴訟の現状との対比という視点から最近のドイツ及びフランス行政訴訟制度の現状が紹介されており、参考になる。

二　行政裁判の憲法的位置づけ

近年のフランス行政訴訟改革の背景をなす要因として、一九八〇年代の憲法院判決において、行政裁判制度の憲法的基礎を明確にする判断が示されたことがある。以下、行政裁判の憲法上の位置づけに関する憲法院判決を簡単に確認しておきたい。

フランス憲法は、行政裁判制度の存在それ自体について、明文の根拠規定を置いていない[9]。しかし、憲法院は、一九八〇年と一九八七年の判決で、「共和国の法律によって承認された基本原理」の確認という手法を用いて、行政裁判制度に憲法上の基礎を与えた。

まず、憲法院一九八〇年七月二二日判決は、行政裁判の独立性について、次のような判示を行っている[10]。

「司法裁判に関する憲法六四条の規定、及び、行政裁判に関して一八七二年五月二四日法以降共和国の法律によって承認された基本原理によって、裁判の独立性の保障と、その作用が立法者及び政府によって侵すことのできない特殊な性質であることが導かれる。そして、立法者及び政府は、裁判所の決定を破棄したり、裁判所に作為命令を行ったり、裁判所の管轄に属する紛争の裁断につき裁判所に代置することはできない。」

右のように、憲法院は、行政裁判の独立性の保障と、行政裁判作用の立法者及び政府からの不可侵性を、「共和国の法律によって承認された基本原理」として確認したのである。

次に、憲法院一九八七年一月二三日判決は、行政裁判所の管轄について、次のような判示を行った[11]。

「行政権と司法権の分離原則を一般的に定めた一七九〇年八月一六・二四日法一〇条及び一三条並びに共和三年実月一六日デクレの規定は、それ自体として憲法的価値を有するものではない。しかし、権力分立のフランス的観念に従えば、執行権を行使する機関、その官吏、共和国の地方団体又はその権威ないし統制の下に置かれた公的組織によって公権力の特権の行使として行われる決定の取消し又は変更をすることが、その性質上司法権に留保される領域を除いて、行政裁判所の最終的管轄に属することは、共和国の法律によって承認された基本原理のひとつということができる。」(権力分立の)「原理が発動される局面において、特定の立法又は行政立法の適用の結果、管轄に係る通常の規範によるならば行政裁判と司法裁判とに分かたれる争訟が生じてしまうような場合には、立法者は、裁判の良き運営の利益という観点から、主として関係する裁判系統の側に裁判管轄の規範を統一化することが許される。」

右の一九八七年判決において、憲法院は、行政機関等が公権力の行使としてなした決定の取消し又は変更をする管轄(権限)が行政裁判所に属することにつき、「共和国の法律によって承認された基本原理」であることを明示した。ここにおいて、行政裁判所について憲法上保障された一定の裁判管轄が認められたのである。一九八七年判決は、行政裁判と司法裁判の二元的存在に憲法的価値を与えたものとして、大きな意義を持つ。一九八〇年判決では行政裁判の独立性につき憲法的価値が認められたわけであるが、それだけでは、通常の立法による行政裁判制度の廃止の妨げとはならないと解釈する余地もある。しかし、一九八七年判決によって行政裁判所の権限が憲法上保障されていることが明らかにされ、行政裁判制度は(憲法改正ではない)通常の法律によってその存在を侵すことは許されないことが確認されたのである。[12]

フランスの行政裁判制度については、その独自の価値が評価される反面、行政裁判と司法裁判の二元的存在による様々な不都合が指摘されることも多く、行政裁判のあり方自体を問題視する議論も存在していた。一九八〇年代の憲法院判決が行政裁判(その一定部分)について憲法的基礎を認めたことは、行政裁判の領域を立法措置によって根本的に縮小するという議論の基盤を失わせることになったものと考えられる。[13] そして、右の憲法院判決と同じ一九八七年に、行政訴訟制度の構造を大きく改革する立法が成立するのである。[14]

(9)　憲法には、コンセイユ・デタ評定官の任命（一三条）、及び、法律案・オルドナンス案・デクレ案に係るコンセイユ・デタの審査（三七条、三八条、三九条）についての規定がある。
(10)　CC 22 juillet 1980, n. 80-119, AJ 1980, p. 602.
(11)　CC 23 janvier 1987, n. 86-224, AJ 1987, p. 345.
(12)　参照、ティエリー・ルノー（福岡英明＝植野妙実子訳）「フランスにおける権力分立論の適用への憲法院の貢献」ファボルー他『フランス公法講演集』一三八頁以下。
(13)　Chapus, DCA, p. 47.
(14)　憲法院判例の発展に伴い、公法学の中における憲法と行政法の相互関係が、フランス行政法学における新しくかつ非常に重要な論点になりつつある。このような観点からの研究として、蛯原健介「フランス行政裁判における憲法院判例の影響（一・二）」立命館法学二六三号一四八頁以下、同二六四号二二頁以下がある。

三　補論・ゴドメ「行政裁判の将来」について

一九七九年に公表されたゴドメの論文「行政裁判の将来」は、一九八〇年代の行政訴訟改革が実施される以前の段階で、二元的裁判制度の不合理性を根拠に、行政裁判システムのあり方に根本的な疑問を投げかけた代表的な論文である。[15] その内容を要約すると、左のようになる。

現行の行政裁判システムの不完全性を論じる場合のポイントとして、複雑さ・独立性・効率性の三つの視点がある。第一に、司法裁判と行政裁判の併存による管轄問題、地方行政裁判所とコンセイユ・デタの権限分配の問題、行政法の判例法的性格等に由来する複雑さがある。第二に、行政裁判制度には、通常の行政作用からの独立性の確保という基本的問題が残されている。第三に、行政裁判には、訴訟の長期化や、判例法形成と具体的事案解決という二つの要請の併存といった点から、紛争解決にとっての効率性に欠けるという問題がある。

行政裁判と競合するメカニズムとしては、司法裁判とメディアトゥールの二つが挙げられる。司法裁判については、行政活動に起因する紛争について司法裁判管轄を認める立法措置が拡大していること（行政賠償責任の一部、選挙・租税の領域等）、司法裁判官が行政行為の適法性を解釈・評価することが様々な形態で行われており、すでに行政活動をコントロールする一定の役割を果たしている。メディアトゥールについては、行政活動に係る紛争の非訴訟的解決のための新しい仕組みとして、発展を遂げつつある。

行政裁判が将来あるべき姿については、司法裁判と行政裁判という二系列の裁判制度が向かうべき方向性を論じる必要がある。行政裁判制度それ自体については、行政作用の法的コントロールに適合したシステムとして、存続させるべきである。ただし、そこで念頭に置かれるのは、行政活動の適法性を担保するための越権訴訟である。越権訴訟以外の主観的行政訴訟については、司法裁判管轄へと移行させることが望ましい。司法裁判所は、行政作用に係る違法の抗弁と、全面審判訴訟について、裁判管轄を拡大すべきである。これらに加えて、行政裁判官の独立性の強化と、行政裁判内部の権限分配の整理も必要である。

右のゴドメ論文の主張は、行政裁判を越権訴訟に特化する一方、司法裁判所に行政活動に係る主観的争訟を委ねることによって、裁判管轄の単純化と行政作用の適法性コントロールの強化を両立させようとするものである。[16] この論文以降、一九八〇年代には、主観的行政争訟（行政賠償責任訴訟など）の領域を司法裁判管轄に移行させる、という形での改革論が見られたところである。[17] 実際の一九八七年の行政訴訟改革において、このような議論が採用されることはなかったし、二〇〇〇年法に至るまで行政訴訟改革は別の方向をとった。しかしながら、フランス行政訴訟の改革について、その背景を理解し、その成果を評価しようとする場合に、右のゴドメ論文による問題提起が十分に克服されているのか、という視点が必要となろう。

(15)　Gaudemet, L'avenir de la juridiction administrative, Gazette du Palais 1979, doctrine, p. 511.

(16)　ゴドメは、次のように記す。「越権訴訟と全面訴訟の間には、根本的な相違が存在する。越権訴訟においては、原理論が問題となる紛争について行政法の発展を漸進的に導く特別裁判官の独占を認めることが望ましい。他方、主観的権利の紛争に係る訴訟手続については、訴訟人を惑わす二元的裁判システムは望ましいものではなく……裁判拒絶につながるのではないか、という印象を与える。また、行政固有の利益と国民の利益が相反する場合に、司法裁判官は、行政を可能な限りで通常の訴訟人の地位に還元することに適しているように思われる。」Ibid., p. 516.

(17)　拙稿「フランス行政法における全面審判訴訟の位置づけ(一)」国家学会雑誌一〇二巻七・八号一三頁注(11)に掲げた文献を参照。なお、一九六〇年代において、司法裁判と行政裁判の二元性に対する疑問という観点から、行政裁判制度のあり方に関する論争が見られた。この点について、リヴェロ・フランス行政法一四八頁、及び、拙稿「フランス行政法における全面審判訴訟の位置づけ(三)」国家学会雑誌一〇三巻一・二号一〇三頁注(7)に掲げた文献を参照。この一九六〇年代の議論の背景には、一九六三年七月三〇日デクレによるコンセイユ・デタの組織改革に至る問題状況もあったのであろう。

第二節　一九八七年一二月三一日法による改革

一　一九八七年改革の概要

一九八七年一二月三一日法は、控訴行政裁判所(Cour administrative d'appel)の創設という制度改革をもたらしたものとして、日本でもつとに知られている。[18] 同法は、従来コンセイユ・デタと地方行政裁判所(Tribunal administratif)の二段階の系統を基本としていたフランス行政裁判制度の骨格を大きく変更し、[19] 地方行政裁判所判決に対する控訴審管轄を主とする控訴行政裁判所を新たに創設した。[20]

一九八七年法は、全一七条から成る。[21] その全体は、第一章「控訴行政裁判所の管轄と組織」(一条〜三条)、第二章「控訴行政裁判所の構成とその構成員の任用」(四条〜九条)、第三章「手続」(一〇条〜一三条)、第四章「雑則」(一四条〜一七条)の四章に分かたれている。一九八七年法は、条文数において小規模なものではあるが、控訴行政裁判所の新設に係る基本的事項を定めたものとなっている。同法により全国五か所（パリ、ボルドー、リヨン、ナンスィ、ナント）に設けられた控訴行政裁判所は、一九八九年一月一日から運用を開始した。その後、一九九五年一月六日計画法は控訴行政裁判所をさらに二か所（北部及び南部）増設することを規定し、これを受けて、まず一九九七年五月九日のデクレによりマルセイユ控訴行政裁判所が設置されている。(22)

一九八七年法を受けた行政裁判機構の改革と行政訴訟手続の整備についての詳細は、その後の一連のデクレによって整備された。また、一九八七年法の成立に引き続いて、行政訴訟に係る新しい法典化が行われた。(23)すなわち、一九八九年九月七日デクレにより、一九八七年改革を踏まえて「地方行政裁判所及び控訴行政裁判所に関する法典」が編まれることとなった。(24)行政訴訟改革に係る一連のデクレも、必要に応じて右法典の中に取り込まれており、地方行政裁判所・控訴行政裁判所の機構及び手続については、基本的に右法典を参照すれば良いことになった。なお、コンセイユ・デタに関しては、一九四五年七月三一日オルドナンス及び一九六三年七月三〇日デクレが基本的な法令を成しており、この時期の行政訴訟改革の進展に対応して右のオルドナンス及びデクレが適宜改正されるという形がとられた。(25)ただし、現在でも、行政訴訟手続の内容について成文法が全て規律しているわけではなく、行政判例法の重要性にも極めて高いものがある。近年において行政訴訟手続に関する法典・法令が急速に変化している一方、行政判例法にも目配りをする必要があるため、フランス行政訴訟手続の技術的性格は非常に高く、行政裁判の専門家以外にとってその全容を認識するのは必ずしも容易ではない。(26)

(18)　一九八七年法による行政訴訟改革については、平田和一による一連の精力的な紹介がある。平田和一「フランスにおける行政訴訟改革(一・二)」専修法学論集四九号五九頁以下、同五〇号二一九頁以下、同「フランスにおける行政訴訟改革」室井力先生還暦記念論集『現代行政法の理論』四五六頁以下。その他、邦文による紹介として、中川文壽「行政訴訟改革法」外国の立法二八巻一号八頁以下、小早川光郎「立法紹介・行政控訴院の創設」日仏法学一六号九四頁以下等がある。一九八七年以降の行政訴訟改革を扱う仏文文献の一覧として、Cf. Répertoire de contentieux administratif, mise à jour 1998, pp. 201-202.

(19)　地方行政裁判所は、行政事件に係る一般的な（普通法上の）第一審管轄を持つ行政裁判所として、一九五三年九月三〇日デクレ・ロワによって創設された。これは、従前の合同県参事会（Conseil interdépartmental de préfecture ）を直接の前身とするが（第二次大戦によるアルザス併合後、ストラスブールに設立されたものがモデルとされる）、地方行政裁判所への改組の際に、判事の身分・その採用方法や、裁判所組織等の点で、大幅な制度拡充が図られた。

(20)　一九八七年改革以降のフランス行政裁判機構については、アンドレ・ルー「行政裁判」小島武司他編『フランスの裁判法制』三一一頁以下、広岡隆「講話フランスの行政裁判制度(一)」法と政治四三巻四号六六頁以下、滝沢正『フランス法』一九三頁以下等を参照。

(21)　中川・前掲注(18)一〇頁以下、平田・前掲注(18)専修法学論集四九号六五頁以下には、それぞれ条文が邦訳されている。

(22)　一九九九年九月一日付けで、ドゥエに、七つ目の控訴行政裁判所が設立されている。なお、控訴行政裁判所の組織について、Cf. Dacre - Wright, Cours administratives d'appel, organisation, JCA fascicule 1023 ; Stirn, Tribuanux administratifs et cours administratives d'appel, AJ 1995, spécial, p. 183. 邦文文献では、司法研修所・研究三〇頁以下、及び同六二頁以下が参考になる。

(23)　一九八九年法典に先行するものとして、一九七三年七月一三日デクレによる、地方行政裁判所法典が存在していた。行政訴訟手続の法典化については、Cf. Chapus, DCA, pp. 136-140.

(24)　この法典の主要部分については、最高裁判所事務総局行政局監修『欧米諸国の行政裁判法制について』八八頁以下に翻訳がある。ただし、右翻訳は、一九九五年法による改正前のものであることに注意を要する。

(25)　なお、二〇〇〇年五月四日デクレにより編まれた行政裁判所法典（Code de justice administrative）が、二〇〇一年一月一日付けで施行されている。本章第一節Ⅰ注(5)を参照。

(26)　司法研修所・研究によれば、フランス行政訴訟の実務家の間では、行政判例データベース「ARIANE」が利用されている他、シャピュの三冊の体系書（『行政訴訟法』、『行政法総論一巻』、『行政法総論二巻』）が「実務家のいわば共通のコンメンタール」となっていることが指摘されている。研究三一三頁以下。本書の執筆にあたっても、シャピュの右著作については、常に参照した。

二　控訴行政裁判所の管轄

控訴行政裁判所の新設にあたって、その裁判管轄（とりわけ事物管轄）の画定は、新しい行政訴訟システムを構築する上でもっとも本質的な事柄となった。また、一九八七年法の立法過程において、控訴行政裁判所の管轄問題につき激しい論争があったことも知られている。[27]

一九八七年法は、控訴行政裁判所を、地方行政裁判所の判決に対する控訴審裁判所として位置づけた（一条）。しかし、同法は、控訴行政裁判所に対して地方行政裁判所判決の控訴審に係る一般的管轄を一挙に与えるのではなく、その控訴審管轄を漸次拡大してゆくという考え方を採用した。すなわち、控訴行政裁判所の開設当初（一九八九年一月一日時点）の控訴審管轄は、全面審判訴訟（一部例外あり）及び公物管理違反罪に係る訴えのみであった。同時に、同法は、非行政立法的行為に対する越権訴訟について、コンセイユ・デタの議を経るデクレに基づいて、控訴行政裁判所の控訴審管轄を認めるという仕組みを規定していた。したがって、越権訴訟の控訴審管轄は、一九八九年の時点で従来と同じコンセイユ・デタであり、デクレによって漸次控訴行政裁判所の管轄を広げることを予定するものであった。

その後、一九九二年三月一七日デクレは、非行政立法的行為に係る越権訴訟の控訴審管轄について、三つの段階を踏んでコンセイユ・デタから控訴行政裁判所へ移行させることを定めた。すなわち、第一段階として、一九九二年九月一日から、都市計画法典・建設及び住居法典・公用収用法典の適用に係る不動産領域、及び、租税領域の非行政立法的行為に対する越権訴訟が、第二段階として、一九九四年一月一日から、公務員に係る非行政立法的行為に対する越権訴訟が、第三段階として、一九九五年一〇月一日から最終的に残り全ての非行政立法的行為に対する越権訴訟が、それぞれ控訴行政裁判所の控訴審管轄に服するものとされた。以上をふまえて、控訴行政裁判所は、非行政立法的行為に係る越権訴訟の控訴審管轄を、順次拡大しつつあった。

ところが、右の第三段階の到来を待たずに、一九九五年二月八日法七五条は、控訴行政裁判所の控訴審管轄を、行政立法的決定に対する越権訴訟にまで拡大した。この結果、行政立法的行為・非行政立法的行為を問わず、地方行政裁判所を第一審とする全ての越権訴訟につき控訴行政裁判所の控訴審管轄が認められるに至ったのである。(28)

(27)　法案審議過程の議論については、平田・前掲注(18)専修法学論集五〇号二二〇頁以下に詳しい。一九八七年法制定に至る過程について、Cf. Pacteau, La longue marche de la nouvelle réforme du contentieux administratif, RFDA 1988, p. 168 ; Folliot, Les débats parlementaires de la loi du 31 décembre 1987, 1995.

(28)　一九八七年法は、地方行政裁判所の判決に対する控訴審管轄をコンセイユ・デタが保持するものとして、行政立法的行為に対する越権訴訟、適法性審査訴訟、市町村及びカントンの選挙に係る訴えの三つを掲げていたが、一九九五年法による改正によって第一の類型が控訴行政裁判所の管轄に移され、現在では後二者のみとされている。なお、控訴行政裁判所の控訴審管轄について、Cf. Dacre-Wright, Cours administratives d'appel, compétence, JCA fascicule 1073 ; Chapus, DCA, pp. 243-257.

三　コンセイユ・デタに対する破棄申立て

一九八七年法一〇条は、「控訴行政裁判所の下した判決は、破棄申立て（recours en cassation）の方法によってコンセイユ・デタに付託することができる」と規定する。この結果、従前は例外的であった破棄裁判が、コンセイユ・デタの主要な役割のひとつへと高められることになった。(29)

これを受けて、同法一一条は、コンセイユ・デタへの破棄申立手続につき二つの重要な事柄を規定している。第一に、同条は、コンセイユ・デタへの破棄申立てについて、事前承認手続（procédure préalable d'admission）に係らしめることを規定した。そして、事前承認手続の結果、破棄申立てが受理不能又は何ら真摯な攻撃事由に基づかない場合には、不承認の決定（裁判的決定）がなされる。この事前承認手続は、控訴行政裁判所の創設に伴って増大が予測されるコンセイユ・デタへの破棄申立てについて、件数に絞りをかける「濾過（filtage）」の機能を果たす手続と言われる。[30] なお、事前承認手続は、一九九七年一二月二四日デクレ（一九六三年七月三〇日デクレ五七—三条以下に組み込み）によって改正された。その際、従前コンセイユ・デタ内部の破棄申立承認委員会（commission d'admission des pouvois en cassation）において行われていた審査手続を、コンセイユ・デタ訴訟部内の副部局（sous-section）で行うという変更がなされている。[31]

第二に、法一一条は、コンセイユ・デタが原判決を取り消した場合の手続として、原審裁判所（又は同等の別の裁判所）への差戻しとともに、コンセイユ・デタが自ら本案について裁断することを認めている。すなわち、コンセイユ・デタは、破棄申立手続において原判決を取り消した後に、「裁判の良き運営の利益により正当化される場合に」破棄自判することができるものとされている。さらに、事件が再度の破棄申立てに係る場合について、コンセイユ・デタが終局的な判断をしなければならないともされている。この結果、コンセイユ・デタは、破棄裁判所であると同時に、最終審裁判所としての役割も併せ持っていることになる。[32]

（29）コンセイユ・デタにおける破棄申立ての歴史的展開と理論上の位置づけ（歴史的には越権訴訟と破棄申立ての関係も重要な論点であった）や、現在の判例・法令上の手続の詳細について、Cf. Douat, Cassation, JCA fascicule 1106-1107 ; Gohin, CA, pp. 295-307 ; Chapus, DCA, pp. 1031-1082.

（30）Gohin, CA, p. 300.

（31）Chapus, DCA, pp. 1042-1044. なお、一九九七年の制度変更以前の状況について、Cf. Massot, La cassation, AJ 1995, spécial, p. 200.

（32）コンバルヌによれば、コンセイユ・デタが破棄自判するのは、破棄判断から本案の解決が必然的に導かれるような場合が多く、本案に係る元来の裁判官の判断領域を侵すことを避ける傾向があるが、後者であっても、コンセイユ・デタがパイロット的事案について例外的に破棄自判するケースもあるとされる。Combarnous, op. cit., p. 180.

四　コンセイユ・デタに対する意見の請求

一九八七年法一二条は、コンセイユ・デタの新しい権限として、地方行政裁判所及び控訴行政裁判所から移送された新たな法律問題（questions de droit nouvelles）について意見（avis）を表明することを規定した。この仕組みの趣旨は、手続法的には地方行政裁判所とコンセイユ・デタとの中間に控訴行政裁判所が設けられたことによる訴訟期間の増長を避けるため、実体法的には行政裁判系統の中における判例法の統一の促進をはかるため、とされる[33]。なお、下級審裁判所が法律問題について破毀裁判所に意見を求めるというシステムは、その後、民事訴訟の領域にも導入された（一九九一年五月一五日法及び一九九二年五月一二日デクレ）。

法一二条によれば、地方行政裁判所及び控訴行政裁判所は、自らに係属した事案における「新たな法律問題」が「重大な困難（difficulté sérieuse）」を示しかつその解決が「多数の紛争（nombreux litiges）」の裁断に資する場合には、その問題をコンセイユ・デタに移送して意見を求めることができる[34]。地方・控訴行政裁判所の裁判官が「新たな法律問題」の移送をした場合に、コンセイユ・デタは三か月の間に意見を出さなければならず、この間の本案審理は停止される。この意見は、コンセイユ・デタ内部において通常の判決形成と同様の手続を経て形成されるけれども、いわゆる先決問題（question préjudicielle）とは異なり、下級審裁判所に対する拘束力を持たない。ただし、この意見は、当該訴訟の当事者に知らされるとともに、官報に掲載されて公表されている。

右の仕組みについて、法一二条の要件を満たした場合でもコンセイユ・デタに移送するかどうかは下級審裁判官の任意であり、また、コンセイユ・デタの意見に服するかどうかも当該裁判官は強制されていない。したがって、法的仕組みの上からは、下級審裁判所の独立性を保ちつつ、コンセイユ・デタの主導による手続の迅速化に資するという、バランスが計られているように見える。一方、現実には「求意見をした下級審裁判所はほとんど例外なくコンセイユ・デタの意見に従っているのみならず、その公表制度と相まって、表明された意見は他の同種事件に対する先例としての機能を果たして」いることが指摘されている。[35] そうであるならば、このシステムは、フランス行政裁判制度におけるコンセイユ・デタの強い優越性を改めて示すものであると言えよう。この点について、シャピュは、民事裁判の系列がピラミッド型構造であるのに対して、行政裁判の系列は、コンセイユ・デタを中心に回る太陽系型構造であるという比喩を用いている。[36]

(33) 法一二条の意義について、以下の文献を参照。Cf. Martin-Lapade, Le filtage des pouvoirs et les avis contentieux, AJ 1988, p. 85 ; Labetoulle, Ni monstre, ni appendice, le renvoi de l'article 12, RFDA 1988, p. 213 ; Ashworth, Singularité et tradition, l'article 12 de la loi du 31 décembre 1987, RDP 1990, p. 1439.

(34) 法一二条の適用関係については、一九八八年九月二日デクレにより具体的手続が整備された。Cf. Chabanol, Code des tribunaux administratifs et des cours administratives d'appel, annoté et commenté, 5 éd., 1988, pp. 328 - 330 ; Théry, Les nouvelles procédures contentieuses au Conseil d'Etat, RFDA 1988, pp. 793-794.

(35) 司法研修所・研究四八頁。

(36) Chapus, DCA, p. 55.

五 不服申立前置

一九八七年法一三条は、次のような内容を定めている。

「国、地方公共団体又は公施設法人に係る契約上の紛争及び契約外の損害賠償を求める訴訟について、コンセイユ・デタの議を経るデクレにより、あらゆる裁判外的又は裁判的審理に先立って、行政不服申立てないし調停手続の前置を行う条件が定められる。」

すなわち、同条は、行政契約と行政賠償責任を争う訴訟手続について、広く行政不服申立て又は調停手続の前置にかからしめることを可能にするという、画期的な内容を持つものである。他方、同条に基づく具体的な手続はデクレによるのであり、右デクレの制定を待たなければ実際の評価を行うことは困難である。そして、法一三条の適用デクレは、法制定後一〇年以上経過しても策定されていない。しかし、立法者によって、行政訴訟の過剰を防ぐフィルターとして、訴えの提起について不服申立て（ないし調停手続）前置の義務づけの一般化という方向性が示されたことはやはり注目される。ここでは、不服申立前置に絞って、問題状況の概要を示しておきたい（調停については本章第四節三で後述する）[37]。

フランスにおいて、行政訴訟に不服申立てを先行させることは、原則として任意的とされる。すなわち、行政訴訟に先立って不服申立てを行うことは、義務的ではないが、常に可能であるということになる[38]。これは、日本法に言う「自由選択主義」とほぼ同一の仕組みと見ることができよう。なお、ある行政決定に対して行政不服申立てを提起した場合には、当該決定に係る出訴期間の進行は停止する[39]。

他方、一定の場合には、行政訴訟に先行して行政不服申立てを提起することが義務づけられることがある。不服申立前置が義務づけられる事例は、あくまでも原則に対する例外なのであるが、近年次第に増える傾向にあるという指摘も見られる[40][41]。不服申立前置の義務づけは、法令による場合の他に、行政契約条項（納品契約の条件明細書が典型とされる）によって当該契約に係る訴えにつき不服申立前置とする場合に認められるが、一九八七年法一三条は、行政契約訴訟と行政賠償責任訴訟という全面審判訴訟の典型をなす訴訟類型において、行政不服申立前置の一般化という方向性を示した。同条を実施した場合、行政契約訴訟については、すでに契約条項中に不服申立前置が盛り込まれている例も多いとされており、これを一般化することによって訴訟前に契約当事者間で紛争を解決する可能性を高めるという効果が予測される。他方、行政賠償責任訴訟について、右条文による手続上の変更は相当に大きくなる。とりわけ、現行法では決定前置主義が除外されている公土木責任の領域は、制度の大きな変更となる[42]。

右条文は、行政訴訟の提起数を抑制するための方策のひとつとして不服申立前置の義務づけを採用し、右方策に適合的な訴訟類型として全面審判訴訟を選択したものといえる。そのこと自体、全面審判訴訟の将来像を推測させる要素ではある。しかしながら、右条文は、現在のところ、施行のためのデクレが定められておらず、具体化するには至っていない。この点、リヴェロとヴァリーヌの概説書では、右条文による行政不服申立てと行政訴訟の「組み合わせ」の試みは放棄されたように見える、と評されている。(43)

(37)　行政不服申立てに係る一般的制度としては、異議申立て（recours gracieux）、審査請求（recours hiérarchique）、後見監督請求（recours de tutelle）の三種類がある。Cf. Gohin, CA, pp. 11-13.

(38)　Chapus, DCA, pp. 338-340.

(39)　行政不服申立てと行政訴訟の関係全般について、司法研修所・研究一三四頁以下を参照。行政不服申立てに関する仏文の基本文献として、Cf. Barthélemy, Recours administratifs, JCA fascicule 1009 ; Brisson, Les recours administratifs en droit publics français, 1996.

(40)　Chapus, DCA, p. 341.

(41)　二〇〇〇年六月三〇日法は、公務員が自らの個人的地位に係る行為を争う訴えについて、行政不服申立前置を予定しているとされる。Latournerie, op. cit., p. 927.

(42)　Chapus, DCA, pp. 354-357.

(43)　Rivero et Waline,Droit administratif, 17 éd., 1988, p. 203.

第三節　一九九五年二月八日法による改革

一　一九九五年改革の概要

一九九五年には、行政訴訟について、再び重要な改革が行われた。まず、一九九五年一月六日計画法は、行政訴訟の審理期間短縮を目標として掲げ、行政裁判官の増員や、地方行政裁判所及び控訴行政裁判所の増設を規定した。[44] 続いて、一九九五年二月八日法は、その第四章において、行政訴訟手続の改正を行った。これは、一九八七年法のように裁判組織系統の大改変を伴うものではないが、行政訴訟手続に与えた影響という点で一九八七年法に比肩する改革とされる。[45] 以下では、まず、一九九五年法による行政訴訟改革の主要な六つのポイントについて整理しておきたい。

第一に、一九九五年法は、地方行政裁判所における特定の訴え（限定列挙されている）について、単独の裁判官による審理・判決を認めた（六三条）。これは、合議体による判決形成を原則としてきたフランス行政訴訟の伝統を一部変更するものである。[46] 加えて、同法は、裁判所長又は裁判長等が単独で決定（オルドナンス）という形式で処理できる事項を拡大し（六四条及び六五条）、単独裁判官による案件処理が可能な領域を拡大した。

第二に、同法は、大学教授又は講師（maître de conférance）の地位にある者について、地方行政裁判所又は控訴行政裁判所の裁判官に任用される可能性を認めた（七九条）。この規定は、地方・控訴行政裁判所の増設や拡充に対処して、行政裁判官の人材源を確保する趣旨であると考えられる。

第三に、同法は、控訴行政裁判所に対して、行政立法的行為に係る越権訴訟の控訴審管轄を与えた（七五条）。この結果、控訴行政裁判所は、基本的に全ての越権訴訟について地方行政裁判所判決の控訴に係る裁判管轄を獲得することになった。この点については、本章第二節二でもすでに言及した。

第四に、同法は、地方行政裁判所の手続につき、執行仮停止（suspension provisoire d'exécution）の制度を新設した（六五条）。これは、執行停止制度の機能不全を補うために、全く新しい法制度として導入されたものである。右については、本節二で改めて検討する。

第五に、同法は、行政訴訟判決（既判事項）の執行確保のための法的仕組みとして、地方行政裁判所、控訴行政裁判所及びコンセイユ・デタが、作為命令（injonction）を発することを定めた（地方・控訴行政裁判所につき六二条。

コンセイユ・デタにつき七七条)。この改革は、行政主体による判決(既判事項)の不執行を防ぐ法的手段として重要であるのみならず、行政裁判官の権限に係るフランス行政法の伝統的基本原則(行政裁判官による作為命令の禁止)との関係という点でも極めて注目される。

第六に、同法は、判決(既判事項)の執行確保のため、地方・控訴行政裁判所について、罰金強制(astreinte)を命じることを定めた(六二条)。これは、一九八〇年七月一六日法によりコンセイユ・デタに認められていた罰金強制の権限を、地方・控訴行政裁判所にも拡大したものである。さらに、同条は、地方・控訴行政裁判所が作為命令を発する場合に、作為命令と罰金強制を組み合わせることも規定している。

右の第五・第六のポイントは、ともに判決執行確保の法的仕組みを強化する重要な改革であり、これらをまとめたうえで本節**三**で改めて検討する。

(44)　一九九五年計画法は、田中嘉彦「フランスの司法制度改革について」外国の立法二〇二号一五頁に紹介されている。

(45)　一九九五年法に関して、平田和一「フランスにおける一九九五年の行政訴訟改革」専修法学論集七一号四五頁を参照。関連する仏文文献の一覧についても、同五六頁注(6)が有用である。

(46)　一九八九年法典L四条は少なくとも三名の合議体による判決形成という原則を規定しており、これは右原則の例外ということになる。Cf. Chabanol, Code, pp. 56-58 ; Boteau, Le juge unique en droit administratif, RFDA 1996, p. 10. 邦文文献では、平田・前掲注(45)五四頁、司法研修所・研究二六頁以下を参照。

二　執行停止

フランス行政訴訟手続において、行政決定に対する訴えの提起(又はその判決に係る上訴)は、原則として当該行政決定(又は当該判決)の執行を停止させる効果を持たない。この「訴えの執行不停止効(effet non suspensif)」原理は、行政活動の効率性を担保するための原則として、フランス行政訴訟の基本構造を規定すると同時に、「行政決定の執行的性格（caractère exécutoire de la décision administratif）」という「公法の根本規範（règle fondaments du droit public）」と表裏をなすものとして、フランス行政法理論の骨格部分にも深く関わっている。[47]

「訴えの執行不停止」は、コンセイユ・デタにつき一九四五年七月三一日オルドナンス四八条、地方行政裁判所につき一九八九年法典R一一八条、控訴行政裁判所につき同R一二五条により、明文化されている。[48]そして、この「訴えの執行不停止」原則を緩和するものとして、執行停止（sursis à exécution）請求手続が存在する。すなわち、行政裁判官は、原告の請求により、一定の要件を満たすと判断した場合に、係争中の行政決定の執行停止を命じることができる。この執行停止請求手続のあり方は、一連の行政訴訟改革の中でも、その整備・改善が試みられた論点となった。

執行停止制度については、一九八九年の法典化を通して従前の手続が整理された。本書では、執行停止手続について、その歴史的生成過程を含めた判例・法令の詳細について記述する余裕はない。[49]ここでは、フランス行政訴訟における執行停止制度は、現行法を前提とする以上はあくまでも「訴えの執行不停止」原則の例外に留まっていること、[50]他方で、一九八七年一月二三日の憲法院判決では、執行停止の請求によって「訴えの執行不停止」原則を破る可能性のあることが防御権（droit de la défence）の尊重という憲法原則であるとされ、執行停止制度が防御権の不可欠の保障であるという憲法解釈が確立されたことのみを確認しておきたい。[51]

執行停止が認められるための実体上の要件としては、当該決定の執行によって回復困難な帰結を生じるおそれがあり、かつ、当該決定の違法性を基礎づける攻撃方法（moyen）が真摯なものであることが必要とされてきた。[52]さらに、執行停止請求は「執行的」決定についてのみ可能であり、拒絶決定（décision de rejet）の執行停止は不可能という制約もあった[53]（この点につき、二〇〇〇年法による改革がなされた。本章第四節補注を参照）。加えて、行政判例法は、右の要件を全て満たした場合であっても、執行停止を命じるかどうかは当該裁判官の裁量判断という解釈を採っている。すなわち、執行停止に係る実体上・手続上の要件を満たしたからといって、執行停止請求が自動的に容認されるわけではない[54]。以上のように、フランス行政訴訟における執行停止は、制度自体と運用の両面で厳格かつ制限的な仕組みになっていた。

これに対して、一九七〇年代以降、いくつかの領域において、特別法による執行停止の厳格さの緩和が図られてきた。そこでは、執行停止に係る要件の緩和とともに、右要件を満たした場合に行政裁判官の裁量を否定して直截に執行停止が行われる、という仕組みが導入されている。その第一は、環境法の領域である。自然環境保護に関する一九七六年七月一〇日法は、事業の許可又は開発計画の認可の取消しを求める訴えにおいて、必要な環境影響評価の欠如が明らかな場合に、裁判官は執行停止請求を認めることを規定している。さらに、公開調査（enquête publique）の民主化に関する一九八三年七月一二日法でも、環境に影響を及ぼす事業に係る公開調査について、調査委員会の否定的見解に反する行政決定の取消しを求める訴えにおいて、「真摯でかつ決定の取消しを正当化する」攻撃事由が主張された場合に、執行停止が認められることを定めている（回復不可能な損害発生という要件がない）。その第二は、地方分権改革法の領域である。一九八二年三月二日地方分権改革法は、知事が分権化された機関の行為の取消しを求める訴え（適法性統制訴訟）を提起した上で、当該行為の執行停止請求を行った場合には、裁判官は「真摯でかつ当該決定の取消しを正当化する」攻撃事由が主張されれば執行停止を認めなければならない旨を規定している。右の環境法・地方分権改革法における特別法による執行停止の緩和の枠組みは、一九九〇年代に入って、これをより拡大する方向で解釈・運用がなされているとされる[55]。

続いて、一九九五年二月八日法は、執行停止制度の機能不全を補うため、地方行政裁判所における一般的手続として、新たに執行仮停止の制度を創設した。同法六五条は、地方行政裁判所長（又は合議体の裁判長）について、請求により、最長で三か月間行政決定の執行を仮に停止する決定を下す権限を定めた。この執行仮停止は、①執行停止請求がなされること、②仮停止請求がなされること、③当該決定の執行が「回復不能な帰結（conséquences irréversibles)」を生じる恐れがあること、④請求者が真摯な攻撃事由を提出すること、の四つを要件として決定される。なお、同法に先立って、一九九五年二月四日法（国土整備に関する法律）では、分権化された行政機関による納品契約・都市計画・公役務委託に係る行為を争う訴え（適法性統制訴訟）において、知事が訴えの提起から一〇日以内に執行停止を請求した場合には、自動的に一か月の執行仮停止がなされることが定められている。[56]

(47)　広岡隆『行政強制と仮の救済』二四五頁以下は、執行停止の判断基準に係るフランスの行政判例の展開を綿密に検討する。また、植村栄治「行政訴訟における仮の救済（二）」法学協会雑誌九三巻九号九九頁以下は、フランスの行政訴訟における執行停止制度の全体像を簡潔に示している。

(48)　ただし、個別法令により、自動的な執行停止が定められる例もある。例えば、不法滞在外国人の国外退去を命じる知事決定に対する訴えについて、右訴えは決定から二四時間以内に提起しなければならず、同判決は四八時間以内に下されなければならない反面で、訴えの提起により決定の執行は自動的に停止される。Cf. Chapus, DCA, pp. 320-325.

(49)　司法研修所・研究二一五頁以下に概略が紹介されている。

(50)　Chapus, DCA, pp. 1177-1178.

(51)　憲法上の要請に加えて、ヨーロッパ共同体法上、訴訟手続における執行停止制度が要請されているという側面も重要である。行政訴訟手続における執行停止制度の存在が憲法・ヨーロッパ法上の要請であるとすれば、訴えの原告が執行停止請求をすることの権利性という問題が生じる可能性もある。Cf. Gohin, CA, pp. 230-231.

(52)　Chapus, DCA, pp. 1208-1218.

(53)　CE 23 janvier 1970, Amoros, AJ 1970, p. 174. 右判決は、拒絶決定について執行停止を認めることは、行政裁判官による作為命令禁止の原則に反することを根拠としている。参照、広岡・前掲注(47) 二八七頁以下。

(54)　Chapus, DCA, pp. 1218-1219.

(55)　Chapus, DCA, pp. 1219-1223 ; Gohin, CA, pp. 230-231.

(56)　執行仮停止の運用状況について、Cf. Chabanol, op. cit., pp. 86-88.

三　判決の執行確保と執行命令

フランス行政訴訟手続における基本的課題のひとつとして、判決の執行を確保するための法的手段が不十分ということがある。行政訴訟判決の既判事項（chose jugée）については、その執行が絶対的義務として課せられるという原則がある。したがって、既判事項に反する事柄について立法による追認（validation législative）がなされるような例外的場合を除いて、行政訴訟の判決には、私法人、公法人ないし行政機関を問わず、執行力が及ぶという原則が確立されている。(57)

ところが、一方で、行政訴訟手続には判決の執行義務を具体的に実現するための法的手法に欠ける部分があり、現実に、判決の既判事項の執行義務が遵守されないという場合が生じている。この問題は、行政主体全般につき私法上の強制執行手続が適用除外されるという法理と相まって、行政賠償責任を争う全面審判訴訟において特に大きな課題とされてきた。(58)

右の課題に対しては、従来から、幾つかの立法措置による解決が試みられてきた。その主要なものは、次のとおりである。

まず、一九六三年七月三〇日デクレ五九条は、既判事項の執行を促す法的仕組みとして、コンセイユ・デタの報告調査部（section du rapport et des études）に対する執行促進申立ての手続を定めた。訴えの原告は、コンセイユ・デタにおける勝訴判決から三か月以上経過した後（緊急手続の決定又は明白な執行拒絶の場合は期日に関係なく）に、コンセイユ・デタ報告調査部に対して既判事項の執行促進を申し立てることができる。(59) さらに、同デクレ五八条は、各大臣が、行政訴訟の判決の執行に係る方法について、コンセイユ・デタに教示を求める手続を置いている。これは、判決を受けた行政機関の側が、判決の趣旨に沿うにはどのような具体的措置をとるべきかについて、行政裁判所側の見解を求めるための仕組みである。

次に、一九七六年一二月二四日法は、既判事項の不執行があった場合に、共和国メディアトゥール（médiateur de la République）が公法人に対して作為命令（injonction）を発する権限を規定した。メディアトゥールは一定の期限を定めて公法人に既判事項の執行を命令することができ、右の作為命令に従わない場合には特別報告を官報に掲載する、という仕組みがとられている。(60) メディアトゥールによる作為命令の仕組みは、行政訴訟判決の執行確保に係る新しい手続であったが、あくまでも裁判手続外の作為命令であり、その実効性確保も間接的手法に留まるといった限界があった。

その後、一九八〇年代以降の一連の行政訴訟改革においても、行政訴訟判決の不執行への対処が、制度改革の主目的とされることになる。

一九八〇年七月一六日法一条は、行政裁判所が公法人に一定の金額の支払いを命じる判決を下した場合には、判決から四か月以内に右の支払いが実施されなければならないことを定めた上で、四か月を徒過しても支払いが行われない場合に、当該債権者から、国の債務については支出担当の会計官に対して、地方団体の債務については後見監督庁を介して、当該金額の支払請求ができる旨を定めた。(61) さらに、同法二条以下は、行政裁判所の判決が執行されない場合に、コンセイユ・デタが当該判決の執行を確保するために公法人に対して罰金強制（astrente）を宣言することを定めた。右の罰金強制の宣言は、原告の請求のみならず、コンセイユ・デタの職権で行うこともできる。原告が罰金強制を請求する場合には、判決の不執行が六か月を超える（緊急手続の決定を除く）ことが要件となる。(62)

一九八七年と一九八八年には、行政訴訟判決の既判事項を尊重すべきことに関して、行政組織内部の通達が出されている。まず、一九八七年七月二三日には、内務大臣から各知事宛てに、地方公共団体及び地方公施設法人による裁判判決の執行に関する通達が出されている。(63) 続けて、一九八八年一〇月一三日には、首相から政府各部に宛てて、行政裁判官の決定の尊重に関する通達が出されている。(64)

以上の経過の後、一九九五年二月八日法は、行政訴訟判決の執行確保のために、大きく三つの法制度を創設した。

第一に、同法六二条は、地方行政裁判所及び控訴行政裁判所の権限として、原告の請求により、判決の中で、公法人又は公役務の任務を負った私法上の機関に対して、当該判決の執行措置（mesure d'exécution）が「必然的（nécessairement）」である場合に、この執行措置を期限を付して命じることができることを定めた。また、地方・控訴行政裁判所の判決の結果、公法人又は公役務の任務を負う私法上の機関が改めて新規の決定を行わなければならないことが「必然的」である場合に、右裁判所は、原告の請求により、判決の中で、一定の期間内に右の新規の決定をなすべきことを命じることができるとされた。そして、以上二つの命令については、いずれも罰金強制を付することができるとの規定も置かれた。右の規定により、地方・控訴行政裁判所は、判決の中に当該判決の既判事項の執行のために必要な執行命令を付する権限を新たに与えられたことになる。要するに、裁判所が具体的な執行措置を命じる（行政機関は既判事項の執行につき選択の余地を失う）タイプと、裁判所が行政機関等に一定期間内に新たな決定をすることのみを命じる（行政機関は執行措置の内容について選択することができる）タイプの二種類の手続が形成され、右に罰金強制を組み合わせることによって実効性を増すという仕組みがとられている。

第二に、同条により、地方行政裁判所及び控訴行政裁判所は、すでに下した判決が執行されない場合に、原告からの申立てを受けて改めて（前判決の）執行措置を明示し、執行期間を定めた上で罰金強制を付することができる旨規定された。この仕組みは、地方・控訴行政裁判所について、判決の既判事項の不執行に対抗する事後的な申立ての手続と、それに対応する作為命令・罰金強制の権限を与えるものである。また、右の手続は、一九八〇年法によってコンセイユ・デタに与えられていた罰金強制の権限を、地方・控訴行政裁判所にも拡張するという意味を持っている。

第三に、同法七七条は、コンセイユ・デタの権限として、請求があった場合に、判決中において、判決に係る必要な執行措置又は一定期間に新たな決定をすることを命令し、これに罰金強制を付すことができる旨を定めた（一九八〇年罰金強制法六－一条として組み込み）。なお、この作為命令・罰金強制の仕組みは、コンセイユ・デタが「紛争の本案を裁断する」場合にのみ適用され、上訴に対する破棄裁判の場合は除外されている。

以上のように、一九九五年法は、判決の既判事項の執行確保のためという枠組みの中においてではあるが、行政裁判所に作為命令を発する権限を与えることにより、フランス行政裁判の基本構造にも関わる変革をもたらした。一九九五年法による改革の結果、行政決定を取り消すという判決を得た場合に、右取消判決が行政による執行措置を「確定的な意味で（dans un sens déterminé）」「必然的な前提とする（implique nécessairement）」ならば、その執行措置についての作為命令・罰金強制がなされるという可能性が生じるのである。もちろん、ある行政決定が行政訴訟（通常は越権訴訟）によって取り消されたとしても、それだけでは執行措置の命令には結びつかず、作為命令は、取消判決がある特定の決定を当該処分事由（motif）の下で当然に導くことについての裁判所の肯定的判断があってはじめて発せられる。さらに、裁判所は、作為命令を出す場合に、判決時の法と事実の状態を改めて評価する必要もある（行政決定の取消しの違法性判断については処分時によるのが原則である）。なお、一九九五年法による新しい作為命令については、着実に裁判実務上の運用例が蓄積されつつある。[65]

以上の改革は、行政訴訟理論上も、行政訴訟における作為命令の禁止原則との関係など、本質的な問題点を提起している。論者の見解も、一九九五年法の改革によって作為命令禁止原則が失われたというものと、右原則それ自体は存続し続けているというものとに分かれている。[66] また、行政決定の取消判決に執行命令が付されることになれば、違法な行政決定の取消しに限定された訴えとされてきた越権訴訟の訴訟類型論上の位置づけも問題となる。少なくとも、行政裁判における作為命令の許容という制度変更により、もっぱら行政裁判官の権限の範囲を基準とした越権訴訟と全面審判訴訟という二つの基本類型は、相互に接近することになるであろう。(67) このことが、フランス行政訴訟の基本構造を変革するものであるか、さらに議論の動向が注目されるところである。(68)

(57) Chapus, DCA, pp. 928-936. 立法による追認に関して、伊藤洋一『フランス行政訴訟の研究』三〇〇頁以下は、取消判決の効力に係る立法介入の仕組みとして、極めて詳細な分析を行っている。

(58) 問題の概観につき、司法研修所・研究二六四頁以下を参照。フランス行政訴訟における判決の執行確保の問題を分析する邦文文献として、滝沢正「最近のフランスにおける行政裁判制度の改革」日仏法学一二号五二頁以下、平田和一「フランスにおける行政裁判所の判決の執行」専修法学論集四五号二九七頁以下、交告尚史「判決の履行を確保する手段」フランス行政法研究会編『現代行政の統制』一二三頁以下、小早川光郎「フランス行政訴訟における指令について」北村一郎編『現代ヨーロッパ法の展望』四四五頁以下等がある。

(59) 一九六三年の改革については、滝沢・前掲注(58)六三頁以下に紹介がある。なお、一九九五年七月三日デクレにより、地方行政裁判所又は控訴行政裁判所の判決についても、当該裁判所に対して同様の申立てをすることができる。

(60) Chapus, DCA, pp. 945-946. 滝沢・前掲注(58)六七頁。メディアトゥールについては、多賀谷一照「メディアトゥール」フランス行政法研究会編・前掲注(58)二九五頁以下に、まとまった紹介がある。

(61) Chapus, DCA, pp. 958-959.

(62) 一九八〇年の改革における罰金強制の導入をめぐる問題状況については、北原仁「フランスの行政訴訟におけるアンジョンクション（injonction）について」早稲田法学会誌三六巻三三頁以下、平田・前掲注(58)三二六頁以下、交告・前掲注(58)一三〇頁以下において、有益な分析が行われている。

(63) JCP 1987. 60850.

(64) JCP 1988. 62008.

(65) 作為命令に関する判例の動向について、Cf. AJ 1996, pp. 115-120 ; AJ 1997, pp. 584-590. 右の文献（『ラクチュアリテ・ジュリディク』誌の「行政法判例総覧」）によれば、情報開示請求に対する非開示決定の取消判決において行政情報の開示を命じた判決、公務員の懲戒処分の取消判決において元の職への復帰を命じた判決、入国査証申請拒否決定の取消判決において、査証の交付を命じた判決等が見られる。作為命令に係る判例の総合的分析については、Cf. Guettier, Injonction et astreinte,

JCA fascicule 1114 ; Chapus, DCA, pp. 807-811.
(66) 小早川・前掲注(58) 四五六頁。
(67) Cf. Bernard, Le recours pour excès de pouvoir est-il frappé à mort?, AJ 1995, spécial, pp. 196-198. また、リヴェロとヴァリーヌの概説書には、次の記述がある。「立法者が行政裁判官に作為命令や罰金強制の権限を与えた最近の諸改革は、越権訴訟と全面審判訴訟を接合させた。(越権訴訟は) 今後、その本来の目的たる取消権限に加えて、その取消しからそれが必然的にもたらす帰結を導き出す権限も認められることになる。」Rivero et Waline, op. cit., p. 231.
(68) シャピュは、作為命令を請求する場合、その訴えは全面審判訴訟になるとの見方を示している。Chapus, DCA, p. 807.

第四節　行政訴訟改革の全体に係る論点

一　訴訟類型論の変化と全面審判訴訟の拡大

一九八七年法による控訴行政裁判所の創設は、地方行政裁判所の第一審判決に対する控訴審管轄をコンセイユ・デタと控訴行政裁判所の間に分配するという状況を生じさせた。当初、控訴行政裁判所は全面審判訴訟、コンセイユ・デタは越権訴訟につき、それぞれ控訴審管轄を持つというシステムが採用されたのであるが、この結果として、行政訴訟の訴訟類型論に新たな実益が生じることとなった。控訴審管轄が訴訟類型により決定されるという事態を受けて、行政判例法は、全面審判訴訟と越権訴訟の境界線画定の単純化を試みるようになり、結論として、全面審判訴訟の領域拡張という明確な傾向を示すようになる。(69)

行政判例法による全面審判訴訟の拡大は、法技術的に見ると、ラファージュ判決に起源を持つ判例法理の射程の縮小という形をとった。ラファージュ判決とは、公務員による交際経費支給請求に対する拒否決定について越権訴訟の提起を認めた、コンセイユ・デタの基本判例である。(70) かつて、公務員の報酬や手当の支給決定に関する訴えは、もっぱら金銭給付を対象とする決定を争い、一定の金銭支払命令まで請求できるものとして、全面審判訴訟とされていた。従前、越権訴訟は補充的性格のものと考えられており、いわゆる「並行訴訟の抗弁」の法理が該当したため、全面審判訴訟というルートが存する帰結として越権訴訟は不受理と扱われていた。これに対して、ラファージュ判決は、行政に対する金銭給付請求の拒否決定を争おうとする原告が、当該行政決定の違法性のみを争点とし、かつ当該決定の取消しのみを求めるならば、越権訴訟の提起も可としたのである。ラファージュ判決は、金銭的問題を対象とする行政決定を争おうとする原告について、越権訴訟により争う道を開き、全面審判訴訟と越権訴訟という二つの方法の選択可能性を認めたのであり、その主たる実益は、越権訴訟における弁護士強制の免除を享受できるという点にあった。(71)

行政判例法は、ラファージュ判決の法理を、公務員法の領域を超えて拡張を進める。その結果、一定金額の給付を拒否する行政決定と、一定金額の負担を課す行政決定の双方について、原告に全面審判訴訟と越権訴訟の選択可能性が認められるに至った。しかし、金銭賦課に係る行政決定について、とくに法令又は判例により全面審判訴訟が予定される場合には、ラファージュ判決の射程が及ばず、越権訴訟の提起は不可能となる。この点、判例法は、公的財務に係る行政決定の一部について、訴えのルートとして全面審判訴訟のみの提起が可能という法理を形成していた。すなわち、行政判例法は、従来から、債務決定（arrêtés de débet＝財務担当大臣が公金の返還を求めるために発する執行力を持つ行政行為）を争う訴えについて、全面審判訴訟のみ可能としてきた。(72)その他、判例法は、強制徴収命令（commandemants＝納金命令を出す権限のある官庁による金銭債権強制徴収手続における最初の行政行為）を争う訴えや、行政主体が債権者に対して消滅時効を主張する決定に対する訴えなども、全面審判訴訟のみによるとした。(73)このように、ラファージュ判決の法理の射程には、金銭賦課に係る行政決定について判例法上の限界が存在したのである。

一九八七年法による改革の後、右と同様のラファージュ判決の射程制限が、他の納金命令（公法人の債権回収に係る支払命令・執行令）について拡大される。[74] このような全面審判訴訟の拡大（ラファージュ判決の射程の縮小）の契機となったのが、次に掲げる一九八八年の一連のコンセイユ・デタ判決であった。

一九八八年四月二七日のムバカム判決において、コンセイユ・デタは、学生生活センター（ＣＲＯＵＳ）が学生に対して出した執行令（état exécutoire）について、その違法性を主張して取消しを請求した越権訴訟を不可とし、執行令に関する争訟は全面審判訴訟であって、弁護士強制は免除されないと判断した。[75] 続いて、コンセイユ・デタは、同年一二月二三日のカディア判決で、軍務手当ての過払い分の返還を求める支払命令（ordre de versement＝それ自体は執行力のない行為形式）についても、ムバカム判決と同様に全面審判訴訟のみが提起可能と判断した。[76] また、コンセイユ・デタは、同年一二月一九日のマルティアン判決において、電話料金の訂正請求を拒否する行政決定を争う訴えについても、全面審判訴訟に属することを示した。[77]

右の判例は、全面審判訴訟に係る控訴審管轄は全て控訴行政裁判所という一九八八年時点の法令を前提に、納金命令に対する訴訟を全面審判訴訟に統一することによって控訴審管轄の単純化を図るという趣旨によるものと考えられる。これらの判例の方向性は、金銭的問題に係る行政決定を争う際に越権訴訟を選択することを認めたラファージュ判決の射程を縮小し、全面審判訴訟に固有の領域を再度拡大するもの、と見ることができる。[78] 一九九〇年代に入っても、これらに続く一連の判例は、財務事項に係る行政決定に対する訴えを全面審判訴訟のみと解釈する傾向を示している。[79]

行政判例法は、金銭的措置に関する行政決定を争う越権訴訟を一般的に否定するものではないが、公的財務に係る行政決定について全面審判訴訟の方法を優先するという傾向を明らかにする。判例法は、もともと複雑であった納金命令に関する訴えの訴訟類型を単純化すると同時に、一九八七年法によって改めて実益の生じた越権訴訟と全面審判訴訟の境界画定をも単純化するものと評されよう。もっとも、これらの判例法によってラファージュ判決の法理が否定されたわけではない。学説には、判例からさらに歩を進めてラファージュ判決の法理を放棄すべきではないのか、というニュアンスを込めた議論がなされることがある。(80) 逆に、学説上、判例は訴訟類型の判定基準の単純化という要素を重視し過ぎており、ラファージュ判決の趣旨のひとつであった越権訴訟における弁護士強制の免除による原告側のメリットの要素が軽視されていることに警鐘を鳴らそうとする議論も見られる。(81)

前述のように、一九九五年法による行政訴訟改革の結果、控訴行政裁判所の控訴審管轄が越権訴訟一般にも拡大され、訴訟類型と控訴審管轄の連動という事態は原則的に解消されることとなった。しかし、ラファージュ判決の射程の限界という論点は、フランス行政訴訟における全面審判訴訟と越権訴訟の二元的構造のあり方という基本問題と切り結ぶものとして、その理論的意義を保っていると言えるであろう。

(69)　一九八七年法による行政訴訟改革と行政訴訟類型論の関係を直接論じた文献として、Pouyaud, La réforme du 31 décembre 1987 et la distinction des contentieux, Mél. Chapus, 1992, p. 541；Doumbé - Billé, Recours pour excès de pouvoir et recours de plein contentieux, AJ 1993, p. 3.

(70)　CE 8 mars 1912, Lafage, D 1914, p. 49, conclusion Pichat；S 1913, 3. p. 1, note Hauriou；RDP 1912, p. 266, note Jèze. 邦文文献として、阿部泰隆『フランス行政訴訟論』六〇頁以下を参照。

(71)　ラファージュ判決の法理により越権訴訟と全面審判訴訟の選択が可能な場合、その訴訟手続上の帰結は次のように整理される。原告が越権訴訟を選択すれば、弁護士強制が免除されるという利益がある（一九八七年改革法施行から一定の期間については、判決に対する上訴管轄がコンセイユ・デタになるという利益もあった）が、出訴期間の徒過は許されない。他方、原告が全面審判訴訟を選択すれば、黙示の拒否決定に対する訴えという形であれば出訴期間の要件なしに訴えが受理されるという利益がある。なお、原告が両訴訟のどちらを選択したのかは、当該訴えの性質（請求の趣旨と攻撃方法の性質）を裁判官が評価して決定されるのであり、弁護士を付さないが故に越権訴訟になるということではない。Chapus, DCA, pp. 616-618.

(72)　CE 4 janvier 1954, Melot, AJ 1954, p. 95.

（73） Chapus, DCA, pp. 619-622.

（74） 制裁措置に関する法令上の射程制限もある。一九八七年法による改革後のラファージュ判決の射程縮小による全面審判訴訟の拡大という問題とは別に、一九八〇年代以降、立法又は判例法によって全面審判訴訟の領域を拡大する傾向があることが指摘されている。この点については、シャピュの『行政訴訟法』において、独自の分析視角から論じられている。第二章第一節**五**を参照。

（75） CE 27 avril 1988, Mbakam, AJ 1988, p. 438. 右の訴えにおいて、原告は客観的違法性を攻撃方法とし執行令の取消しを請求したにもかかわらず、越権訴訟の提起が不可とされた。

（76） CE 23 décembre 1988, Cadilhac, AJ 1989, p. 254. 支払命令はそれ自体は未だ執行的なものではないが、執行令と同じに扱うものとされた。

（77） CE 19 décembre 1988, Martiens, AJ 1989, p. 124.

（78） 一九八七年改革法以降の行政判例法によるラファージュ判決の射程縮小について、プヨーは、次のように分析している。一九八七年法による控訴審管轄の問題は、財務命令に関する紛争を取り除きたいというコンセイユ・デタの意向とも相まって、越権訴訟に対する消極的評価の動きを強化し加速させたが、この動向は改革実施以前の段階から現れており、裁判実務の関心は、出訴期間か弁護士強制かという選択ではなく、控訴審管轄の単純化という点に支配されていた、と。Pouyaud, op. cit., p. 544.

（79） その後の同一線上にある判決について、Doumbé-Billé, op. cit., pp. 7-12 ; Bernard, op. cit., pp. 190-192 ; Chapus, DCA, pp. 621-622.

（80） シャピュは、公的債権・債務に関する訴えが全面審判訴訟の方向へと傾斜していることを確認しつつ、「我々は、ラファージュ判決の法理が、それ無しで済ますことが可能な複雑さになっていないか、敢えて問いなおすべきであろう」と述べて、ラファージュ判決そのものの見直しを示唆する。Chapus, DCA, p. 622.

（81） Doumbé-Billé, op. cit., pp. 8-12.

二　緊急手続

フランス行政訴訟法において、一般に、裁判手続中に裁判官が一定の仮の措置を決定する手続を緊急審理手続(procédure d'urgence)と呼ぶ。[82]この緊急審理手続の整備は、一九八〇年代後半以降の行政訴訟改革の中で、主要な課題のひとつとされてきた。

フランス行政訴訟における緊急審理手続には、仮処分手続(référé)と緊急確認手続(constat d'urgence)という二つのカテゴリーがあり、前者は、さらに、保全仮処分(référé-conservatoire)、予審仮処分(référé-instruction)、仮払い仮処分(référé-provision)の三つの手続に分けられる。[83]以下、右の四種類の手続について、順に整理したい。

保全仮処分とは、行政裁判官が、緊急の場合に、本案に影響を及ぼさず、かつ、いかなる行政決定の執行も妨げない限りで、あらゆる必要な措置を命じる手続である。[84]具体的には、公物を不法に占拠している私人に対する排除命令や、行政主体に対する本案審理に係る行政文書の開示命令等が典型を成しているとされる。[85]右のように、保全仮処分は、本案判決までの仮のものではあるが、行政裁判官が作為命令を行うことができる手続として、理論上も重要な意味をもっている。この保全仮処分は、伝統的な立法・判例法によって形成されてきた仮処分の制度を正面から受け継ぐものであり、法典化による整備等がなされてはいるものの、近年の改革による変化は漸進的なものに留まっている。[86]

予審仮処分とは、行政裁判官が、当該訴えに係る審理・鑑定のために必要な措置を命じる手続である。具体的には、係争事実関係に関する鑑定人(expert)の裁判官による任命が典型であるが、行政調査等を命じる場合もあるとされる。従前の予審仮処分手続では緊急性が要件とされていたが(一九七三年地方行政裁判所法典R一〇二条)、一九八八年九月二日デクレはこの緊急性要件を削除し、その上で法典化された。[87]さらに、一九九七年五月二九日デクレは、右の鑑定人が、公役務により影響を被る可能性のある不動産について、将来の影響まで評価することを認めている。シャバノルは、これを、「予防仮処分」と呼ぶべき仕組みの導入と述べている。[88]

仮払い仮処分は、一九八八年九月二日デクレによって新しいタイプの仮処分手続として導入され、地方・控訴行政裁判所については一九八九年法典Ｒ一二九条に、コンセイユ・デタについては一九六三年七月一三日デクレ二七条に、それぞれ組み入れられた。仮払い仮処分とは、金銭給付が争われている訴えにおいて、当該債務の存在について真摯に疑う余地のない場合に、債権者に対する一定金額の仮払いを命じるという手続である。すなわち、債権者の側は、本案の訴えが最終的に確定する（債権の金額が正確に定まる）のを待つことなく、仮払い金を得ることが可能となる。仮払い仮処分手続の創設は、行政訴訟改革によって行政訴訟手続による救済の効率化をもたらす重要な成果のひとつとされており、例えば、行政賠償責任における無過失責任のように、行政主体の債務の存在自体に争う余地がない場合の仮の救済として、有意義であると言われている。[89]

緊急確認手続とは、緊急の場合に、請求によって、将来行政訴訟手続で争われる可能性のある事実関係を確認するための鑑定人を任命する手続である。緊急確認手続の原型は一九世紀に遡るが、第二次大戦後の一時期には予審仮処分と一体化される形で消滅した。しかし、その後に復活して一九七三年法典に組み入れられ、最終的に一九八九年法典Ｒ一三六条に実定法化された。今次の行政訴訟改革において、緊急確認手続自体が本質的に変化したわけではないが、予審仮処分について緊急性要件が削除された結果、従来通り緊急性を要件とする緊急確認手続の意義が際立つこととなっている。[90][91]

(82) 緊急手続の中に、係争中の行政決定（又は下級審判決）の執行停止申立手続を含めて説明する例も多い。Chapus, DCA, pp. 1107-1110 : Gohin, CA, p. 225.

(83) 緊急審理手続の制度上の起源は、少なくとも二〇世紀初めには確立していたと見ることができる。したがって、右手続は伝統的な行政訴訟手続に組み込まれたものであり、時代を追って立法・判例法によって整備されてきた。緊急審理手続の沿革及びその概要について、植村栄治「行政訴訟における仮の救済(三)」法学協会雑誌九三巻一一号六二頁以下を参照。

(84)　一九八九年法典R一三〇条は、保全仮処分の要件として、①緊急性、②必要性、③本案への影響がないこと、④行政決定の執行を妨げないこと、の四点をあげる。また、同条は、保全仮処分の請求について、行政訴訟の基本原則たる「予先的決定の前置」が適用されないことも規定する。Chabanol, op. cit., pp. 246-249.

(85)　Chapus, DCA, pp. 1120-1124.

(86)　Gohin, CA, pp. 240-243.

(87)　予審仮処分に係る法典の規定は、コンセイユ・デタにおける予審仮処分手続（一九六三年七月一三日デクレ二七条による）についても同様に適用されると解釈されている。CE 6 novembre 1911, Groupement d'assureurs français Argos, RFDA 1992, p. 149.

(88)　Chabanol, op. cit., p. 239.

(89)　平田・前掲注(18)室井還暦論集四七九頁。

(90)　一九八〇年代以降、仮処分手続については、個別立法によって特別の法制度を整備・創設される例も多い。現在では、本文で説明した一般的な仮処分手続に加えて、特別の仮処分手続の重要性が増している。近時の行政訴訟改革という意味では、新しい立法による特別の仮処分手続を含めた総合的な理解が必要になる一方、法制度が全体として非常に複雑なものになっているという評価は免れ得ないであろう。特別仮処分手続について、Chapus, DCA, pp. 1140-1157.

(91)　二〇〇〇年六月三〇日法によって、行政訴訟における仮の救済の手続は、更なる大改革が施された。以下の〔補注〕を参照。

〔補注〕　二〇〇〇年法による仮の救済手続の改革

二〇〇〇年六月三〇日法は、行政訴訟における仮の救済手続に関する改革を内容とするが、一九八七年法及び一九九五年法による行政訴訟改革の仕上げに相当する重要な変革をもたらすものである。二〇〇〇年法は、従来のフランス行政訴訟手続における執行停止と緊急手続の全体を統合・整理のうえ、行政訴訟の原告にとって、仮の救済手続を充実させるものである。また、二〇〇〇年法は、行政訴訟の構造という点からも画期的な変革をもたらす可能性のある要因を含んでおり、今後の裁判実務上の解釈・運用が大変に注目される。なお、二〇〇〇年法によって、通常の行政訴訟手続上の仮処分手続の他に、行政契約締結、税務、視聴覚通信、地方分権（適法性審査訴訟）、都市計画及び自然環境保全の各分野における特殊な仮処分手続に係る規定も整備されている。

二〇〇〇年法による改革の結果、フランス行政訴訟における仮の救済手続は、個別法領域の特殊な手続を除くと、その全体が、緊急性の存在を要件とする緊急仮処分と、緊急性の要件のない通常仮処分とに二分されることになった。そして、緊急仮処分手続として、執行停止仮処分（référé-suspension）、人権救済仮処分（référé-liberté）、保全仮処分（référé-conservatoire）の三つの手続が、通常仮処分として、事実確認仮処分（référé-constatation）、予審仮処分（référé-instruction）、仮払い仮処分（référé-provision）の三つの手続が、それぞれ存在する。従来の執行停止仮処分という形で、新しい仮の救済手続の中に組み直されたことになる。

右の中でも、二〇〇〇年法によって手続が整備されたのは、緊急仮処分のカテゴリーである。右カテゴリーに含まれる三種類の手続について、その概要を紹介しておく。

第一に、執行停止仮処分とは、従来の執行停止に係る法制度に代わるものである。しかし、従前の執行停止制度と完全に断絶したものではなく、行政訴訟手続における執行不停止の原則は維持されており、執行停止を求める原告は、執行停止仮処分を求めることになる。二〇〇〇年法による改革のポイントとして、①拒絶決定に対する執行停止が明文で認められた、②執行停止の要件が緩和された、③停止措置の柔軟性が増した、という三点が指摘できる。右の①は、従前拒絶決定に対する執行停止は認められないとされてきた判例法（一九七〇年のコンセイユ・デタによるアモロス判決の法理）を放棄し、執行停止の領域を拡大する重要な改革である。右の②について、フランスの伝統的な判例法理は、執行停止の二要件（回復困難な帰結を生じるおそれと違法性の攻撃方法が真摯であること）を厳格に適用しており、そのことが執行停止手続が十分に機能しない原因となっていたことを踏まえ、立法による要件の緩和が図られた。二〇〇〇年法では、従前の回復困難な帰結という要件に対応するものとして、「緊急性（urgence）」の要件が規定された。さらに、二〇〇〇年法は、二番目の要件につき、「行政決定の違法性について重大な疑いを抱かせるのに十分な攻撃方法」という形で規定した。これは、従来の判例法と大差ないようにも読めるが、条文として明文化されることにより、過度に厳格な解釈上の運用がなされることを避けることになる、と言われている。右の③について、二〇〇〇年法は、執行停止において、当該行政決定の効力を全面的に停止するだけではなく、効力の一部のみ停止できることを規定し、部分的執行停止が認められることになった。この結果、仮処分裁判官は、事案を踏まえたより柔軟な対応が可能になったとされる。

第二に、人権救済仮処分とは、公法人又は公役務の任を負う私法人がその権力を行使する際に、明白に違法かつ重大な人権侵害をするおそれのある場合に、仮処分裁判官が緊急手続として「必要なあらゆる措置」を命じる、というものである。この人権救済仮処分の決定は、申立てから四八時間以内に出されることになる。人権救済仮処分は、二〇〇〇年法により新規に導入された仮の救済手続として、今後の運用が非常に注目される。例えば、人権救済仮処分手続における「緊急性」要件の解釈が、執行停止仮処分におけるそれとニュアンスを異にするのか、といった部分での裁判実務の動向に関心を惹かれる。なお、人権救済仮処分決定については、行政機関の側が決定の通知から八日以内にコンセイユ・デタに抗告する手続も規定されている。

第三に、保全仮処分は、従来のそれと比べて「本案に影響を及ぼさない」という伝統的な要件が削除される形で法定されている。この結果、保全仮処分について、「いかなる行政決定の執行も妨げない限り」という要件のみが残された。保全仮処分手続によれば、仮処分裁判官は、基本的人権に対する重大な違法性を帯びた侵害に対するものではなくても、緊急の場合に、原告の請求によって、「いかなる行政決定の執行も妨げない限りで」あらゆる有効な措置を命じることが可能ということになり、行政に対する作為命令を下すこともできる。

なお、二〇〇〇年法のうち、特別な法領域を除く一般の緊急仮処分手続について、仮処分裁判官の権限に関して規定した部分を訳出しておく。なお、これらの条文は、行政裁判法典に組み込まれている（http://www.legifrance.gouv.

fr/)。

〈行政裁判における仮処分に関する二〇〇〇年六月三〇日法律二〇〇〇―五九七号〉

L五一一―一条　仮処分裁判官は、仮の性格を持つ措置について裁断する。仮処分裁判官は、本案につき審理するものではなく、適切な期間内に決定を下すものとする。

L五一一―二条　仮処分裁判官は、地方行政裁判所長又は控訴行政裁判所長、あるいは事件につき委任された裁判官であり、かつ、欠員又は空席の場合を除き、最低でも二年の経験と、少なくとも第一級以上の等級にある者であることとする。コンセイユ・デタの事件について、仮処分裁判官は、訴訟部長又は事件につき委任された評定官であることとする。

L五二一―一条　拒絶決定を含む行政決定につき取消し又は変更の請求がなされた場合に、申立てを受けた仮処分裁判官は、緊急性が認められ、かつ、審理において当該決定の適法性に重大な疑義を生じさせる攻撃事由があると判断される場合に、当該決定の執行又はその効果の一部の停止を命じることができる。執行停止が宣言された場合、適切な期間内に当該決定の取消し又は変更の請求につき裁断を下すものとする。執行停止は、遅くとも、当該決定の取消し又は変更の請求につき裁断が下される以前までに、終了するものとする。

L五二一―二条　緊急性が認められる申立てを受けた場合に、仮処分裁判官は、その権限行使において明白に違法でかつ重大な基本的人権の侵害を行っている公法人又は公役務管理を託された私法人に対して、右侵害を防ぐために必要なあらゆる措置を命じることができる。仮処分裁判官は、四八時間以内に、右の命令を行うものとする。

L五二一―三条　緊急の場合について、仮処分裁判官は、予先的決定を欠いても受理される申立てについて、行政決定の執行を妨げない限りで、有効なあらゆる措置を命じることができる。

三　非行政訴訟的紛争解決と行政裁判所の負担軽減

近年の行政訴訟改革と関係して、行政上の紛争解決に係る和解（transaction）や調停（consiliation）という、非行政訴訟的紛争解決の法的仕組みが注目されている。これらの非訴訟的（non juridictionnel）手続について、行政訴訟手続と一定の連動関係を与えて紛争の効率的処理を図り、さらには行政訴訟の過剰を軽減するという観点から、整備しようとする議論が見られる。一九九三年には、コンセイユ・デタが、『その他の紛争解決——行政領域における和解・調停・仲裁（Régler autrement les conflits : conciliation, transaction, arbitrage en matière administrative, 1993.）』と題する行政上の非訴訟的紛争に関する報告書を発行している。これらの議論は、行政不服申立前置による行政訴訟の「濾過」の試み（本章第二節**五**を参照）と同一線上にあると見ることができる。

フランス行政法における非行政訴訟的紛争解決手続は、それ自体大きな主題であるが、以下、近年の行政訴訟改革と係わる幾つかのトピックを紹介しておく。[92]

当事者同士（一般的には私人と行政主体）の合意によって紛争解決を図る行政法上の和解については、その可能性や法的効力等に関して、伝統的議論でも一定の蓄積を見ていたところである。[93] 行政訴訟の当事者間の和解が成立すれば、通常は、当事者による訴えの取下げによって訴訟が終了することになる。[94] 近時の動向としては、一九九五年七月六日付け首相通達が、国の行政機関と私人との紛争の解決について、和解の手法を活用すべきことを示したことが注目されるであろう。[95]

行政上の紛争の当事者（一般的には私人と行政主体）が、行政訴訟手続によらずに、当該紛争の解決を第三者に委ねる調停についても、非行政訴訟的紛争解決の方法のひとつとして、議論が盛んである。とりわけ、一九八六年一月六日法（地方裁判所構成員の独立性の保障に係る法律）一二一条に地方行政裁判所の任務として調停が明記されたことは、近年の議論の出発点となっている。[96] この条文は、新民事訴訟法典二一条が、民事裁判官の任務として当事者間の調停を規定したことに一定の影響を受けているのであるが、その意義については必ずしも明確にされているわけではないようである。[97]しかし、法典上、行政事件に係る一般的な第一審管轄を持つ地方行政裁判所につき「調停の任務を遂行する」と明記されたことの意味は少なくはないであろう。その後、一九八九年六月二三日のコンセイユ・デタ判決は、右条項の意義に関する解釈を提示した。[98]右判決は、地方行政裁判所が調停の任務の遂行を拒否した決定に対する越権訴訟について、当該任務の性質上越権訴訟が不受理となることと判断した。したがって、法典L三条の規定は地方行政裁判所による調停を法的に義務づけるものではなく、調停の遂行は任意的なものであることが明らかにされたことになる。[99]

他方、一九八七年一二月三一日法一三条は、主たる全面審判訴訟（契約訴訟と行政賠償責任訴訟）について、行政不服申立前置と並んで、調停前置を義務づけることの可能性を規定した。右条文については、本章でも行政不服申立前置についてすでに論じたところであり、また現在まで適用デクレが制定されていないため、現実に適用されるところとなっていないのであるが、立法者が全面審判訴訟の領域における調停の意義を重視していることを示すものとして、見過ごすことはできないものである。なお、一九九五年二月六日に出された首相通達でも、国の行政機関が当事者となる紛争における調停手続の活性化について言及されている。[100]

一九八六年一月六日法以降、行政裁判所における調停手続につき画期的な変革はなされていないように思われる。この過程は、従前のフランス行政訴訟手続の伝統を更新することの困難さを表しているようにも思われるが、この問題に関する理論上の議論が活発に行われていることとも併せて、今後の動向が特に注目される。

（92）　法制度の現状については、文献検索も含めて、Jouguelet, Consiliation, transaction et arbitrage, JCA fascicule 1005. 最近の議論状況として、『ラクチュアリテ・ジュリディク』誌の一九九七年一号に、「紛争解決の代替的な幾つかの方法（Les modes alternatifs de règlement des litiges）」と題する特集が組まれており、九本の関連論文（ドイツとの比較法研究を含む）が掲載されている。

(93)　和解という法概念は、一般的には民法典二〇四四条とパラレルなものとして捉えられているようである。フランス行政法上の和解について、Auby, La transaction en matiére administrative, AJ 1956, p. 1 ; Lyon - Caen, Sur la transaction en matière administrative, AJ 1997, p. 48 ; Jarroson, Les concessions réciproques dans la transaction, D 1997, p. 267.

(94)　行政裁判官によって訴えの目的の消滅（non-lieu）が宣言されて、訴訟が終了する場合もある。ただし、当事者の和解が直ちに訴えの目的の消滅をもたらすのではなく、裁判官の裁断を経ることになる。Chapus, DCA, pp. 793-794. 訴え提起前に和解が成立している場合には、関係する訴えが不受理になる可能性がある。Chapus, DCA, p. 330. フランス行政訴訟における訴えの取下げ、訴えの目的の消滅に関する一般的説明として、司法研修所・研究二一二頁以下。

(95)　JCP 1995. 67306.

(96)　一九八六年法以前において、行政裁判官が調停を行うことは、一部の特別行政裁判所に限定されていた。

(97)　Chapus, DCA, pp. 791-793.

(98)　CE 23 juin 1989, Veriter, AJ 1989, p. 424.

(99)　一九八九年法典L三条は、適用デクレなしに直接適用できるけれども、調停の領域については当該地方裁判所の権限内に限定されると解釈されている。Chabanol, op. cit., p. 53.

(100)　D 1995, p. 196.

第二章　行政訴訟類型論の現代的展開
――全面審判訴訟の位置づけを中心に

第一節　行政訴訟の二元構造の展開――全面審判訴訟と越権訴訟

一　行政訴訟類型論の概観

フランス行政訴訟の基本構造を明らかにしようとする場合に、行政訴訟手続全体を幾つかの訴訟類型へと法理論的に分析することは、その第一の出発点となる。(1)行政訴訟類型論については、フランス行政法学説史の中で様々な議論が展開されてきた。また、日本の行政法研究者によるフランスの行政訴訟理論の比較法研究においても、行政訴訟類型に関する学説史が紹介された。これは、フランスにおいて、大革命期以降の行政裁判制度史に係る研究がしばしば行政訴訟類型論と密接に係わる形でなされたことや、一九世紀末から二〇世紀初めのフランス行政法学の全盛期において、行政訴訟の分類論が法理論上の大きな争点とされていたことを反映したものと言うことができる。(2)そして、日本では、フランス行政訴訟の中でも越権訴訟を取り上げた比較法研究が質量ともに多くの蓄積を見ており、越権訴訟の客観訴訟としての法的性格に関する議論も紹介されてきた。なかでも、村上裕章が一九八九年に公表した論文「越権訴訟の性質に関する理論的考察（一・二）」(3)、及び、伊藤洋一が一九九三年に公刊した著書『フランス行政訴訟の研究――取消判決の対世効』は、行政訴訟類型論の理論的分析を含めて、この領域でのわが国の比較法研究の水準を示すものであり、村上及び伊藤の研究内容については、以下の記述でも随時参照することとしたい。[4]

フランスの行政訴訟類型論の展開について、その流れを極めて大摑みに述べるならば、①行政裁判官の権限の範囲に基づく分類、②行政裁判官に提起された問題の性質に基づく分類、という二つの異なる理論的分類が学説によって提示され、両説の対立を軸に多くの議論が展開されたけれども、現状では右両説の併用ないし折衷という形に落ち着いている、ということになる。

右の第一説、すなわち、行政裁判官の権限による分類は、一九世紀後半のオーコックの学説を起源として、[5]一九世紀末にラフェリエールによって確立された、伝統的訴訟類型論として知られている。[6]ラフェリエールは、行政裁判における裁判官の権限の範囲を基準として、行政訴訟を次の四つに分類した。第一は、行政裁判官が行政と原告との関係について通常裁判所における当事者間の関係と同じように扱うことのできる訴訟たる、全面審判訴訟（contentieux de pleine juridiction）である。[7]第二は、行政裁判官が行政の違法な行為の取消しを行う訴訟たる、取消訴訟（contentieux de l'annulation）である。第三は、行政裁判官が行政行為の解釈（正確な意味の決定）ないし適法性の宣言をする訴訟たる、解釈訴訟（contentieux de l'interprétation）である。第四は、公物管理違反罪（contravention de grande voirie）の処罰に関する訴訟たる、処罰訴訟（contentieux de la répression）である。[8]以上のようなラフェリエールの四分類は、その用語法や個別の訴訟のリストアップなどの点で現在の実定法上の制度と齟齬も見られるが、今日でも常に参照されるものである。特に、ラフェリエール説の功績は、裁判官の権限が行政決定の取消しに限定される越権訴訟（ラフェリエール説では取消訴訟）と、裁判官が行政決定の取消しに限らず事実と法（権利）につき全面的な審査を及ぼす権限をもつ全面審判訴訟という、二大類型の対置を示したことにある。

他方、右の第二説、すなわち、訴えの争点の性質による分類は、デュギィ説をその起点とする。デュギィは、ラフェリエールの確立した伝統的訴訟類型論を批判して、当該訴えによって争われる問題の性質による訴訟分類論を主張し、客観訴訟（contentieux objectif）と主観訴訟（contentieux subjectif）の二分法を提唱した。[9] デュギィの学説は、裁判作用そのものの法的性質に関するデュギィ固有の理解を背景にしたもので、それ自体が必ずしも他の学説に伝播したわけではないが、ジェーズも、デュギィとほぼ重なる時期に、紛争の法的性質による訴訟区分という考え方を採用した。[10] その後、訴えにおいて争われる問題の性質による客観訴訟と主観訴訟の分類という理論枠組みは、ヴァリーヌが一九三五年に公表した論文における優れた分析と総合によって、行政法学説に定着する。[11] これ以降、主観訴訟・客観訴訟の区分は、フランスの行政訴訟類型論が論じられる場合に、議論の前提たる位置を占めることとなる。[12]

フランスの行政訴訟は、多種多様な訴えの類型を含んでおり、右の如き訴訟類型論は、元来は多様な訴えを文字どおり類型化するための理論であった。しかし、実際には、越権訴訟の法的性質に係る理論的関心の集中があり、二〇世紀前半を通じて、越権訴訟の客観訴訟性の問題を中心に、多くの議論が蓄積された。他方で、越権訴訟と全面審判訴訟の区分も、裁判実務上は意義を保ち続けたし、学説上も、越権訴訟と対置される全面審判訴訟という説明が完全に無くなることはなかった。そして、一九五三年の行政訴訟改革をひとつの契機として越権訴訟の客観訴訟性という理解に一定のゆらぎが生じるようになると、客観訴訟・主観訴訟の区分の持つ理論的意義を重視しつつも、行政裁判官の権限による訴訟類型（越権訴訟と全面審判訴訟の対置）を放棄しない形での折衷的な説明が、一般的となる。

いずれにしても、現時点で、フランス行政訴訟の基本構造を理解するため、越権訴訟と全面審判訴訟の二類型の区分は不可欠のもの、と考えられる。もちろん、全面審判訴訟とされるカテゴリーについては、法理論的視点からさらに幾つかの下位区分に分けることもしばしば行われているが、行政訴訟全体において越権訴訟と並立する訴訟類型としての全面審判訴訟に注目することは、一応許容されるであろう。本書は、異質なものの寄せ集めとされることの多い全面審判訴訟というカテゴリーの理論的な位置づけについて、あえて着目しようとする意図を持つものである。また、現在の行政訴訟実務上、越権訴訟と全面審判訴訟の二類型と、両者の相互関係が、改めて重要視されていることも、人の知るところである。[13]

越権訴訟と全面審判訴訟の各々の定義や両者の境界設定については、上述のようにそれ自体が行政法理論上の論争の主題となっているわけであるが、さしあたり、越権訴訟とは、ある行政決定についてその違法性を理由として取消しを求める訴えであり、全面審判訴訟とは、権利の回復のために行政決定の取消しにとどまらない全面的な審判を求める訴えである、と定義づけておくこととする。

越権訴訟は、原則としてあらゆる行政決定（一方的行政行為）について、適法性の原理の観点から取消しを争う訴訟類型である。越権訴訟は、適法性の原理を担保する法的システムとして、その対象の一般性、原告適格の広さ、取消事由の豊かさ、取消判決の対世効などの特色とともに、比較行政法上のひとつのモデルを成した。

他方、全面審判訴訟は、行政裁判官が行政決定の取消しを超える権限を有するという共通項で括られるものであるが、そこに含まれる訴えのリストは、「かなり寄せ集め的」なものである。行政賠償責任訴訟や行政契約訴訟を典型に、選挙訴訟、直接税訴訟等を含み、各訴訟類型は重要性を持つのであるが、全面審判訴訟というカテゴリー全体をまとまったものとして理論的関心が向けられることは、稀であったと言わざるを得ない。

越権訴訟と全面審判訴訟の区分については、学説史上の理論的検討の過程で、右区分の解消が主張されたことがあった。[14] 一九一〇年代には、オーリウによって、全面審判訴訟による越権訴訟の吸収が繰り返し主張され、[15] 逆に、一九二六年に公刊されたアリベールの著作では、越権訴訟による全面審判訴訟の吸収が予見された。[16] しかし、これらの学説が主流となることはなく、一方で越権訴訟と全面審判訴訟の区分の存在を認めつつ、理論的には、客観訴訟と主観訴訟の区分にも依拠するという通説が形成されたのである。[17] また、越権訴訟について、主観的訴訟としての法的性格を内在するものと捉えることを主張する学説も一部で展開されたが、これは、越権訴訟の法的性格それ自体の問題として扱われており、必ずしも越権訴訟と全面審判訴訟の区分と結びついて展開されたものではなかっ[18]た。[19]

(1) シャピュの『行政訴訟法』は、「行政訴訟の構造」という章を立てて行政訴訟類型論の基本的枠組みを論じている。Chapus, DCA, pp. 171-208. デバシュとリチの概説書では、行政訴訟の分類論について、民事訴訟における訴訟分類論とは異なり、実際に行政訴訟を提起する場合の規範を決定する上で重要な実益があることを指摘している。Debbasch et Ricci, Contentieux administratif, 1999, p. 599. リヴェロ・フランス行政法二二七頁もほぼ同旨である。

(2) 昭和四六年に公刊された、阿部泰隆『フランス行政訴訟論——越権訴訟の形成と行政行為の統制』は、わが国の比較行政法研究における代表的な成果である。なお、阿部泰隆の右著作の原論文の一部であり、訴訟類型論にも係わるものとして、「越権訴訟の研究——その形成史の観点からみたフランス行政法の基本原理の検討(一～三)」国家学会雑誌八一巻五・六号一頁以下、同七・八号三七頁以下、同一一・一二号九六頁以下がある。わが国におけるフランス行政訴訟制度の研究文献のリストとして、滝沢正『フランス行政法の理論』三〇頁注(17)が有用である。

(3) 九大法学五七号一頁以下、同五八号一八七頁以下。

(4) 越権訴訟を理論的研究の対象とした邦語文献のリストとして、伊藤・前掲書一頁注(1)がある。

(5) Aucoc, Conférences sur l'administration et le droit administratif, tome 1, 1869, pp. 361-362.

(6) オーコック、ラフェリエールの訴訟類型論について、阿部・前掲注(2)四二頁以下を参照。

(7) 全面審判訴訟という日本語訳自体が、ひとつの困難な問題であり、完全審理訴訟、全部審理訴訟、完全審判訴訟等、多様なものが使用されてきた。この点に関する筆者の認識については、拙稿「フランス行政法における全面審判訴訟の位置づけ（一）」国家学会雑誌一〇二巻七・八号一二頁注(2)を参照。

(8) Laferrière, Traité de la juridiction administrative, 2 éd., tome 1, 1896, pp. 15-16.

(9) デュギィの客観訴訟論がまとまって叙述されたものとして、Duguit, Traité de droit constitutionnel, 3 éd., tome 2, 1930, p. 475 ets. デュギィの学説は、行政訴訟分類論の基盤となった「裁判行為論」も含めて、独創的でありかつ時期により変遷することに注意を要する。このようなデュギィの客観訴訟・主観訴訟論の詳細について、村上・前掲注(3)（一）一九頁以下、伊藤・前掲書八七頁以下を参照。

(10)　Jèze, Exposé critique d'une théorie en faveur au Conseil d'Etat sur la classification des resours contentieux en recours en annulation et en recours de pleine juridiction, RDP 1908, p. 671 ; L'acte juridictionnel et la classification des recours contentieux, RDP 1909, p. 667. 村上裕章は、ジェーズの訴訟類型論について、デュギィ説との相違を浮き彫りにしつつ、詳細に分析する。村上・前掲注(3)(一)三三頁以下。なお、伊藤・前掲書一五一頁以下も参照。

(11)　Waline, Vers un reclassement des recours du contentieux administratif ?, RDP 1935, p. 205 ets.

(12)　二〇世紀前半の行政訴訟類型論のいわば前提として、裁判行為の法的性格の定位に係る議論があり、越権訴訟の理論的位置づけに関する議論と相互に結びつきつつ論争が展開された。議論の全体について、村上・前掲注(3)(一)一九頁以下。村上は、右の箇所において、デュギィ、ジェーズ、オーリウのそれぞれの客観訴訟論について、理論的に踏み込んだ分析を示す。この点については、村上・前掲注(3)(二)二六〇頁以下、伊藤・前掲書七五頁注(8)も参照。なお、この時期のフランスにおける裁判行為論の展開については、兼子仁『行政行為の公定力の理論〔第三版〕』二三二頁以下、同二八一頁以下による優れた分析を忘れてはならない。

(13)　フランス行政訴訟における越権訴訟と全面審判訴訟の並立について、小早川光郎「フランス行政訴訟における『指令』について」北村一郎編『現代ヨーロッパ法の展望』四四六頁を参照。

(14)　行政法学説史上、一九〇一年に公刊されたマリーの論文「行政法における越権訴訟の将来について」において、越権訴訟と全面審判訴訟の統合が主張されたことも、人の知るところである。Marie, de l'avenir du recours pour excès de pouvoir en matière administrative, RDP 1901, pp. 265-296 et 476-524. 右のマリー説について、伊藤・前掲書七七頁を参照。

(15)　オーリウの全面審判訴訟による越権訴訟吸収論については、拙稿「行政判例と行政法学(二)」立教法学四一号一三六頁以下を参照。

(16)　Alibert, Le contrôle juridictionnel de l'administration au moyen du recours pour excès de pouvoir, 1926, p. 45 ets.

(17)　ヴァリーヌ論文は、アリベール説、オーリウ説、デュギィ説を整理分析した上で、改めて、客観訴訟と主観訴訟の区分の意義を説くものであった。

(18)　一八九九年に公刊されたバルテルミイの著作（Barthélemy, Essai d'une théorie des droits subjectifs des administrés dans le droit administratif français, 1899.）は、越権訴訟の主観訴訟性を理論的に主張する嚆矢となった。バルテルミイ説について、村上・前掲注(3)(二) 一八八頁以下を参照。

(19) フランス行政法学説上、越権訴訟の客観訴訟性が定着しつつあった時期に、コンセイユ・デタのブスュージュ判決（CE 29 novembre 1912, Boussuge, S 1914, p. 33.）が第三者異議（tierce oppositon）を肯定し、学説の流れに相反するが如き行政判例法を示したため、多くの論争を呼ぶこととなった。この問題の全体像について、伊藤・前掲書一二五頁以下が詳細である。なお、拙稿・前掲注(15)一四一頁以下も参照。

二　エルブロネル論文（一九五三年）による整理

コンセイユ・デタの実務家であったエルブロネルは、一九五三年の論文「越権訴訟と全面審判訴訟」において、訴訟類型論に係る論争全体について総合的概観を行い、行政判例法の現状を整理した。[20] 右論文が公表された一九五三年は、地方行政裁判所の創設という大きな制度改革を終えて、行政訴訟類型論に関する議論が一応出尽くした時期でもあり、右論文は、行政訴訟類型論をめぐる古典的論争についてひとつの帰結を示していると評価することができる。以下、一九五〇年代における行政訴訟類型論の典型として、エルブロネル論文の概要を示しておく。

越権訴訟と全面審判訴訟は、次のように対置できる。越権訴訟では違法性の攻撃方法（moyens）のみが提出されるが、全面審判訴訟では役務過失や契約違反等を主張することになる。越権訴訟では行政決定の取消しを得るのみであるが、全面審判訴訟では金銭的補塡など係争行政決定の裁判官による変更が可能である。越権訴訟における判決は第三者効を持つが、全面審判訴訟の判決では係争当事者のみに効力をもつ。越権訴訟では弁護人が強制されないが、全面審判訴訟では弁護士が必要となる。

越権訴訟に弁護士強制がなくコスト安であり、取消判決に対世効があることから、コンセイユ・デタは、越権訴訟の領域を拡大してきた。例えば、一九一二年のラファージュ判決では、公務員が金銭給付権を争う場合に、違法性の攻撃方法のみを主張しかつ決定の取消しのみを請求するのであれば、越権訴訟の提起を認めた。また、判例法は、分離し得る行為の法理によって、越権訴訟の拡大を進めた。一方、行政法学説は、二つの訴訟類型の存在を法理論的に説明しようとした。例えば、ヴァリーヌやローバデールは主観訴訟と客観訴訟を対置させ、ボナールは法的地位を創出する訴訟と法的地位の執行の訴訟とを対置させた。(21) しかし、学説による理論的説明は、未だ最終的に満足のゆくものではない。

右の状況を分析すると、実務家は、コストのかからない越権訴訟が提起できるか否かに関心があるのに対して、理論家は、越権訴訟を補充的訴えの方法とするラフェリエールの伝統的立場から出発するというずれがある。この研究（エルブロネル論文）の意図は、コンセイユ・デタの蓄積した判例法を注意深く検討して、二つの訴訟方法の領域を設定することにある。

まず、全面審判訴訟のリストは、①行政契約訴訟、②公権力賠償責任訴訟、③債務決定（arrêté de débet）訴訟、④給与・俸給・年金訴訟、⑤国家債務訴訟、⑥選挙訴訟、⑦直接税訴訟、⑧苗字変更訴訟、⑨危険・迷惑・不衛生施設訴訟、⑩崩壊危険建造物訴訟、⑪不衛生を宣言された建造物訴訟、である。

全面審判訴訟と越権訴訟の分配に係る判例法の基礎となっている幾つかの要素として、以下の六点がある。第一に、司法裁判管轄が認められる領域については全面審判訴訟が提起できない。第二に、従前、全面審判訴訟は県参事会に対する抗告であるのに対して、越権訴訟はコンセイユ・デタに直接訴える特別な手続という理解があったが、県参事会が地方行政裁判所に改組され、行政訴訟の普通法上の第一審管轄を持つとされたため、古い考え方は放棄された。第三に、立法が、訴えの方法を、全面審判訴訟ないし越権訴訟に特定する場合がある。第四に、立法により、行政裁判官に対して全面審判訴訟に固有の権限が付与されているならば、その訴えは全面審判訴訟の性質を持つ。第五に、立法が沈黙している場合には、その規律する領域の性質から訴えの性質を導くことになる。第六に、立法及び規律領域によっても越権訴訟と全面審判訴訟の決定が不可能な場合には、訴えの原告が訴訟類型の選択をすることができる。原告が違法性の攻撃方法によって取消しのみを請求するなら、その訴えは越権訴訟ということになる。

全面審判訴訟と越権訴訟の相互関係は、次のように整理できる。ラファージュ判決によって示された越権訴訟と全面審判訴訟の選択可能性は、より一般化する方向にある。しかし、両訴訟の選択は、常に可能とは限らず、越権訴訟を用いることができない場合がある反面、全面審判訴訟を用いることができない場合もある。越権訴訟における弁護士強制の免除は、元来全面審判訴訟とされた領域に越権訴訟を拡大する要因となった。他方で、全面審判訴訟において、行政裁判官には、法的状況の評価と行政主体に対して作為命令を課す権能という点でより広い権限が与えられており、これが全面審判訴訟が有利と考えられる要素となっている。行政裁判官は、右の二つの与件を前提に、具体的事案に則した判断を行っている。

(20) Heilbronner, Recours pour excès de pouvoir et recours de plein contentieux, D 1953, pp. 183-188.

(21) ボナールの訴訟類型論について、村上・前掲注(3)(二)一九三頁以下が詳細である。ボナールの裁判行為論については、兼子・前掲注(12)二三三頁以下も参照。

三　一九五三年行政訴訟改革と行政訴訟類型論の展開

一九五三年の行政訴訟改革によって、越権訴訟に関する伝統的な枠組みが変更され、新しい実定法制度を前提にした訴訟類型論が展開される。そこでは、越権訴訟の主観化傾向というテーゼについて、それを強調する学説と、その過度の強調を警戒する学説という対抗軸が見られた。この論争の中でも、コルンプロプストが一九五九年に公刊した博士論文『当事者概念と越権訴訟』は、越権訴訟における当事者の存在という「主観性」の議論を出発点として、越権訴訟の本質が「主観訴訟」であることを立証し、一九五三年の行政訴訟改革を契機として越権訴訟手続がその独自性を失って主観訴訟へと変化したことを主張しようとするものであった。[22] コルンプロプストの主張は、その論旨の全体の評価は別にして、越権訴訟において主観的要素が内在していることを示したという点で、行政法学説の主流に受容された。[23]

例えば、リヴェロは、越権訴訟と全面審判訴訟という訴訟類型の区分の問題について、両訴訟の間の類似性の存在に注意を促し、「そのような類似性は近年においてしだいに発展してきている」とする。[24] リヴェロは、越権訴訟における第三者異議の訴えと控訴の導入に伴って、越権訴訟における当事者（parties）の概念が重要性を増し、越権訴訟の客観的性格が薄れていることを指摘している。[25] この結果、越権訴訟と全面審判訴訟の区分もまた相対化するのである。

二〇世紀後半の代表的理論書であるオービィとドラゴの『行政訴訟概論』は、裁判官の権限の広さによる訴訟の分類と、裁判官に提示された問題の性質による訴訟の分類、という両説の折衷として、適法性の訴訟（contentieux de la légalité）と権利の訴訟（contentieux des droits）という二分論を主張する。[26] オービィとドラゴの分類によれば、適法性の訴訟の典型が越権訴訟（取消訴訟）であることは勿論であるが、税務訴訟、選挙訴訟、分類施設訴訟、崩壊施設建造物訴訟等が、裁判官の権限の点で全面審判訴訟の要素を含んだ適法性の訴訟として、適法性の訴訟の中に含められる。他方、権利の訴訟には、契約訴訟、準契約訴訟、契約外の行政賠償責任訴訟が含められている。オービィとドラゴの分類論は、ラフェリエール説とデュギィ説の並列を認めたという点で影響力を持つものであったが、本書の観点からは、全面審判訴訟の中核部分となる訴訟類型について、権利の訴訟というカテゴリーを立てて積極的な分析を行っている点が注目される。

一方、一九八〇年代になって登場したシャピュの『行政訴訟法』は、行政訴訟を、決定の取消しを求める抗告訴訟（contentieux des resours）と、法人に対する制裁を求める訴追訴訟（contentieux des poursuites）に理論的に二分した後（後者は処罰訴訟しか含まない）、前者について、越権訴訟と全面審判訴訟の二大類型が重要であることを指摘する、という考え方を示す。[27] シャピュの書物は、現代の行政訴訟論のスタンダードたる地位を占めているが、一方で越権訴訟と全面審判訴訟の理論上の共通点を指摘しつつ、越権訴訟と全面審判訴訟の併存を前提にした法制度について詳述していることは重要であろう。さらに、シャピュは、一九九〇年代に入って、全面審判訴訟の復権を主張しているのであるが、このシャピュ説の詳細については、本節**五**において改めて検討する。

オービィとドラゴ、シャピュは、いずれも、実定法制度上、越権訴訟と全面審判訴訟の二大類型の存在を肯定しつつ、客観訴訟・主観訴訟という理論的分類を取り込んでいるため、全面審判訴訟については、客観訴訟ないし適法性の訴訟としての性格を持つものと、典型的な主観訴訟としての性格を持つもの、という下位区分が生じていることが、特に注目されるであろう。

(22) Kornprobst, La notion de partie et le recours pour excès de pouvoir, 1959. 村上・前掲注(3)(二)二〇五頁以下は、コルンプロプスト説について、その学説上の評価も含め、極めて有用な分析を行っている。

(23) 学説の動向については、村上・前掲注(3)(二)二〇三頁以下を参照。村上は、一九五三年の行政訴訟制度改革による二審制の導入や、それを受けたコルンプロプストの学説の登場等を契機として、「越権訴訟の主観化」がフランス行政法学説の主流によって認められた過程を描き出す（同二一七頁以下）。村上は、ヴァリーヌ、ローバデール、ヴデル、リヴェロという二〇世紀後半を代表する行政法体系書の記述の中に「越権訴訟の主観化」の肯定を見い出す（同二一七〜二一八頁）。他方、村上は、ウェイル、デバシュ、ネグランの論稿において、越権訴訟に主観的要素が存在することを認めつつも、客観訴訟としての性質を失っていないという説（コルンプロプストの越権訴訟主観訴訟説を否定する立場）がとられていることを指摘し（同二一八〜二二一頁）、越権訴訟の客観的性格を今日でも肯定する論者としてシャピュを挙げる（同二二一頁以下）。

(24) リヴェロ・フランス行政法二三一頁。

(25) リヴェロ・フランス行政法二六〇頁、同二八五頁、同二八八頁。

(26) Auby et Drago, TCA tome 2, pp. 77-82. なお、右書物の初版（一九六二年）の記述を紹介するものとして、阿部・前掲注(2)五五頁。

(27) Chapus, Droit de contentieux administratif, 1982, pp. 63-64. 右は一九八二年に公刊された初版である。本書において、右のシャピュの書物を引用する場合は、一九九八年の第七版を用いている。

四　一九八〇年代以降の行政訴訟改革と行政訴訟類型論

一九八〇年代以降の行政訴訟改革は、フランス行政法学説上の行政訴訟類型論の展開にも大きな影響を及ぼすのであるが、この点は本書第一章及び第二章の全体を通した主題であり、ここでは簡単に要点のみを示しておく。

一九八七年一二月三一日法による行政訴訟改革の結果、控訴行政裁判所が創設されることになったが、当初は、地方行政裁判所の第一審判決に対する控訴審管轄について、全面審判訴訟は控訴行政裁判所、越権訴訟はコンセイユ・デタという扱いがなされていた。このため、全面審判訴訟と越権訴訟を区分する訴訟手続上の実益が新たに生じたのであるが、行政判例法は、一部で全面審判訴訟を拡大する傾向を示した（第一章第四節一を参照）。また、一九八〇年代後半から、立法により、行政委員会による制裁措置を争う訴え等について、全面審判訴訟の領域を拡大するという動きが見られた。さらに、一九九五年二月八日法による行政訴訟改革は、判決の執行確保のための法的仕組みを整備する中で、行政裁判官に作為命令（injonction）を下す権限を一定の範囲で与えた（第一章第三節三を参照）。このことは、行政裁判官の権限の広さによって概念設定された越権訴訟と全面審判訴訟の関係についても、当然に影響を与えた。行政裁判官の権限という点では、緊急手続（仮の救済）の整備という文脈の中でも、二〇〇〇年六月三〇日法による改革まで一貫してその拡大が図られており（第一章第三節二を参照）、このことも、全面審判訴訟と越権訴訟の併存関係の問題と無縁ではあり得ないと思われる。[28]

右の事柄は、いずれも、全面審判訴訟の存在意義を改めて確認させるものであり、同時に、従来は行政裁判による救済のシステムないし適法性コントロールのシステムの中心にあった越権訴訟のとらえ方について、新たな議論の必要性を認識させるものであった。

他方、一九八〇年代以降についても、行政判例法上、越権訴訟による適法性コントロールの仕組みを拡充する動きも衰えておらず（本章第三節二を参照）、さらに、一九八二年の地方分権改革法によって導入された適法性統制訴訟は、新しい越権訴訟の類型として、その存在意義を増している。行政作用に対する裁判的統制の強化という観点から、越権訴訟についても更なる手続上の整備が進められつつあるように思える。

このように、一九八〇年代以降、フランスの行政裁判制度について大幅な改革が進行する中で、全面審判訴訟と越権訴訟の二元構造による行政訴訟類型論にも、新しい動向が生じつつある。現在の行政訴訟改革の基本的方向性である、行政訴訟手続の効率化や行政裁判の利用し易さの向上といった要素は、伝統的な全面審判訴訟と越権訴訟の二元的併存関係を克服することの模索へと導いているようにも見えるが、立法や判例法による改革が両訴訟のうちどちらか一方を志向している、ということを簡単に見通すことはできない。しかし、従来型の越権訴訟に対する見直しの必要性が論じられ、さらに、全面審判訴訟に再び光を当てようとする試みがなされていることは、一応明らかであろう。そこで、以下では、一九九〇年代において、全面審判訴訟の位置づけを再評価しようとする議論として、シャピュ、及び、ヴェルランの見解を紹介することとしたい。

(28) 先行する行政決定の取消しを基本構造とする行政訴訟の限界が強く意識され、例えばドイツの義務づけ訴訟を比較法上のモデルとして検討すべきである、との議論が見られるようである。参照、司法研修所・研究三二六頁。

五　シャピュの全面審判訴訟復権論

現時点で、フランス行政法学の水準を代表する理論家であり、最も権威のある行政訴訟の書物の著者であるシャピュは、かねてより行政訴訟類型論への問題関心を示していたところであるが、一九九二年に公表された論文「行政とその裁判官」の中で、全面審判訴訟の興隆の傾向を指摘しつつ、越権訴訟の後退と、新しい訴訟類型論の形成の可能性について論及したのである。(29)

シャピュは、右の論文で、行政訴訟の問題状況のひとつとして「行政裁判による行政のコントロールの深化」を扱い、その中で、訴訟類型論に言及している。シャピュは、近年の立法及び判例法上、全面審判訴訟が越権訴訟よりも好まれているのではないか、という現状認識を示す。そこでは、立法によって、適法性の問題が争点になるにもかかわらず行政決定に対して全面審判訴訟のみを認める例が増えていること、ラファージュ判決の法理の射程が狭まり支払命令全般について全面審判訴訟とする判例が出現していること、が挙げられる。シャピュは、判例による全面審判訴訟への志向は控訴審のコンセイユ・デタと控訴行政裁判所の管轄の分配を単純化しようとする意図にでたものであり、立法の意図はヨーロッパ人権条約の要請を満たすことにあることを認めつつ、越権訴訟の後退が見られることは疑いない、とする。

シャピュは、越権訴訟の存在意義を過小評価してはならず、行政判例法上も、越権訴訟が適法性コントロールのための普通法上の訴えとされていることを確認しつつも、全面審判訴訟には、裁判官が、越権訴訟において可能なもの以上の判断、すなわち、取消しのみではなく争われた決定を判決時において適法性に合致すると考えるものに置き換えるために修正することができるという長所があり、これが紛争をより完全に処理するための明白な利点であることを指摘する。そして、シャピュは、従来型の越権訴訟が時代遅れとなっていて、新しいタイプの全面審判訴訟（シャピュの言う客観的全面審判訴訟 recours objectif de plein contentieux——全面審判訴訟の中の客観的訴え。後述）が興隆しつつあるのではないか、そして、越権訴訟と客観的全面審判訴訟の区別が失われてゆき、客観的全面審判訴訟こそ、裁判官に提起された問題の性質によってのみ特色づけられる、「新しい越権訴訟」の誕生と言えるのではないか、という見解を述べる。シャピュは、伝統的な越権訴訟と全面審判訴訟の区別ではなく、行政訴訟の構造が客観訴訟と主観訴訟の理論的区別により一致する形での訴訟類型論へと移行すべきことを示唆したのである。

右論文によるシャピュの見解は、その後『行政訴訟法』が版を重ねる中で、さらに展開されている。以下では、『行政訴訟法』の第七版（一九九八年）の記述を参照しつつ、シャピュによる全面審判訴訟論の新たな拡大に係る議論を検討したい[30]。

　シャピュは、独自の行政訴訟分類論として、適法性の問題をコントロールするという意味で客観的訴訟としての性質（すなわち越権訴訟と同じ性質）を持つにもかかわらず、全面審判訴訟のカテゴリーに含められている訴訟類型の存在を指摘し、これを客観的全面審判訴訟と名付けている。そして、シャピュは、この客観的全面審判訴訟が近年拡大しつつあることを指摘する。

　シャピュは、客観的全面審判訴訟を、次の三つのカテゴリーに分類する。第一のカテゴリーは、金銭給付申請（補助金給付・建築助成金給付・公務員の各種手当の給付等の申請）に対して行政庁が拒否決定をした場合に、右決定に対して原告が一定の金銭給付を請求する訴えである。このような訴えは、訴えの争点の中心が当該拒否決定の違法性であり、この意味で客観的訴訟であるが、訴えにおける請求の趣旨が一定額の金銭給付を求めるものであるために、全面審判訴訟と性質決定される。一九八七年法以後のラファージュ判決の射程縮小の問題は、主としてこの第一カテゴリーの訴えに係わることになる。第二のカテゴリーは、客観的訴訟ではあるが、当該訴えについて法令又は判例により裁判官が積極的決定まで行う権限を与えられているために全面審判訴訟とされる訴えである。この第二カテゴリーは、伝統的に全面審判訴訟とされる租税訴訟、選挙訴訟、崩壊の危険のある建築物に関する訴訟、環境保全のための分類施設に関する訴訟、不衛生家屋に関する訴訟、の五類型を中心とするが、一九八〇年代以降の立法・判例法によって全面審判訴訟とされた幾つかの新しい訴訟類型も含まれる。第三のカテゴリーは、最近の立法によって、制裁（金銭的制裁の賦課が中心となる）を課す特定の行政決定に係る訴えについて、全面審判訴訟の方法によることが定められたものである。この第三カテゴリーの訴えは、いわば「適法性コントロールの道具としての客観的全面審判訴訟」と言うべきものであり、新しい全面審判訴訟の拡大という意味で特に問題となるのは、この領域ということになる。

シャピュの言う第三カテゴリーの嚆矢となったのは、一九七〇年代後半の価格の自由及び競争に関する立法において、行政庁ないし行政委員会が企業に対して課す制裁に関する訴訟が全面審判訴訟とされたことである。もっとも、一九八七年七月六日法によって、公正競争委員会（Conseil de la concurrence）による制裁措置に関する訴えは、司法裁判所であるパリ控訴院の管轄へと移されることとなった。第三カテゴリーの訴訟類型が多数誕生するのは、さらにその後（一九八九年以降）のことである。

現行法上、第三カテゴリーの客観的全面審判訴訟を構成しているのは、以下の三つの類型である。その第一は、特定の行政委員会による制裁措置に対する訴えであり、コンセイユ・デタが第一審管轄を持つ点に特色がある。例として、視聴覚上級評議会（Conseil supérieur de l'audiovisuel）、株取引委員会（Commission des opérations de bourse）、債権市場評議会（Conseil des marchés financiers）、電気通信規律機構（Autorité de régulation des télécommunications）等が行う制裁措置に対する訴えがある。その第二は、一定の課徴金（amendes）に対する訴えである。例として、外国人のフランス入国に関する法律に基づく義務に違反した運輸会社に対して内務大臣が命じる課徴金、石油類規制法に基づく義務の違反に対して炭化水素担当大臣ないし海商担当大臣が命じる課徴金、飛行場の環境保全義務違反に対して民間航空担当大臣の命じる課徴金に対する訴えがある。その第三は、その他の類型であり、例として、取水・排水の許可申請に係る知事の措置に対する訴え、環境保護団体の承認に係る決定に対する訴え、大気汚染対策に係る知事の措置に対する訴え等がある。

シャピュは、以上のような新しいタイプの全面審判訴訟の拡大を指摘した上で、次のような総括を行っている。

「このような法令及び判例における動向は……越権訴訟が適法性コントロールの特権的な手段であった時代が終わったという思いにさせる部分がある。越権訴訟は、性質を同じくする別の訴訟による競合にさらされている。なぜなら、競合相手たる訴訟は、越権訴訟と同様に客観的性質であるが、同時により具体的で確実な帰結を即時に導くことが可能という点でより有効なものだからである。この点で、以下のような不可思議な考え方が現れている。すなわち、ある訴訟が全面審判訴訟であるならば、その訴訟は、裁判官が、比例性、とりわけ非難される行動の程度と制裁の重さとの比例性を正確に統制することを可能ならしめるのにより適切であり、したがって、ヨーロッパ人権条約の要請するところを充足させるためにより適切である、と。しかし、現実には、越権訴訟は……制限的統制のみでなく、通常の統制、とりわけ比例性の完全な統制と呼ぶべきものにも全く適当なのである。我々は、客観的全面審判訴訟が選好されていることについて、裁判官が、自ら最新の状況から結論を導き、紛争について可能な限り完全な裁断を下すことにより、取消しを超えた判断をすることが可能であるという事実に光を当てるもの、と理解するべきであろう。さらに、我々は、客観的全面審判訴訟の拡大について、この訴訟が、裁判官の権限の拡張という部分を除けば現行の越権訴訟と同じ（完全に適法性の統制に適合した）法制に服し、かつ、客観的訴訟という唯一の性質によって特徴づけられることになる……『新しい越権訴訟』になったということによってのみ、これを祝福することができるだろう。」[31]

以上のように、シャピュは、近年の全面審判訴訟の拡大を、行政の裁判的コントロールという点でより進化した新しい客観的訴訟の誕生と捉えようとしている。このシャピュ説の評価を含め、フランスにおける行政訴訟類型論の新傾向は、比較法の観点から興味深い素材を提供しているように思われる。

(29) L'administration et son juge, EDCA 1992, p. 259 ets. 筆者は、右論文について、一九九九年に公刊されたシャピュの論文集（Chapus, L'administration et son juge, 1999.）に収められたものを参照した。

(30) 以下の記述は、もっぱら、Chapus, DCA, pp. 195-202. に依っている。

(31) Chapus, DCA, p. 201. 右の箇所については、「越権訴訟の衰退へ?」という小見出しが付されている。

六　ヴェルランの越権訴訟衰退論

現在のフランス行政法学界において、行政訴訟類型論につき、越権訴訟を否定的に評価する独自の見解を精力的に展開する論者として、ヴェルランがある。以下では、ヴェルランが一九九六年に公表した「越権訴訟の終焉に向けて？」と題する論文について、その内容を紹介しておきたい[32]。

右論文におけるヴェルランの主張は、行政作用を適法性の原理に服させるという越権訴訟のシステムは、今日では完成の域に達するとともにその歴史的使命を達成し、今後は、適法性の原理をより完全に機能させるために、新しい行政訴訟手続によって取って替わられる必要がある、というものである。ヴェルランは、右の主張を展開するキーワードとして、フランスにおける法治国家の要請をあげ、そこから、伝統的に越権訴訟と全面審判訴訟を対置してきた訴訟の二元性は役に立たなくなり、現在の越権訴訟は有用な訴えの方法ではあるが限界があり、法治国家に適合した一元的な行政訴訟システムへと向かうべきことを導くのである[33]。以下、ヴェルランの論文の内容について、要約を示す。

越権訴訟の誕生は、法治国家が不完全であった状態に対応している。一九世紀前半、行政作用の裁判的コントロールは、行政裁量行為には及ばなかった。裁量的と性質決定された行為には通常の行政訴訟は受理されなかった。通常の行政訴訟は、原告が主観的権利を援用するか、法律が特別な裁判手続を規定した場合にのみ、提起可能であった。しかし、主観的権利に係わらない行為についても最小限のコントロールを及ぼすために、コンセイユ・デタは、越権訴訟を創出した。この手続は、もともと非常に限定的であったが、時代とともに発展した。越権訴訟は、二〇世紀前半の段階で、全面審判訴訟と比べて裁判官のコントロールの広さという点で有利でない訴えの方法であった。また、行政が裁量権限を行使する領域についての一部の攻撃方法（moyen）については、不受理になることもあった。この状況は、一九六〇年代にはじまる処分理由（motif）のコントロールの進展によって変化した。明白な誤りの統制の一般化、次に通常の統制の拡大、最後に比例性の統制の確立により、適法性コントロールの勝利が完成した。裁量権は適法性の原理に対抗できなくなり、裁量行為と羈束行為の古い区別はすたれた。個人が主観的権利を援用する状況と、客観法違反を主張する状況との性質はもはや違わない。コントロール密度という点での越権訴訟と全面審判訴訟を対立させる本質的相違は、大幅に失われたのである。

右のような行政訴訟制度の歴史的展開について、一八九四年一一月二日のデクレによって越権訴訟につき弁護士強制を廃止したことが、重要な要素となった。ラフェリエールやアプルトンが述べているように、右の便宜をより多くの原告に享受させるため、主観的権利の侵害に基づいて取消しを請求する通常訴訟が、越権訴訟の中に統合された。これ以降、越権訴訟は、原告が侵害された利益を援用するもののみでなく、真の主観的権利の存在を主張するものも含まれることになった。両訴訟類型の混同は、越権訴訟を利用する新しい可能性を創設したラファージュ判決によって、さらに増大された。統合が始まった段階において、主観的権利＝全面審判訴訟、行政裁量＝越権訴訟、というある種の相関があったが、未だに多くの論者が全面審判訴訟を特色づける要素として主観的権利の標識に固執するにもかかわらず、このような対置は今日ではもはや正当化されない。

一方、今日、全面審判訴訟において行政裁量をコントロールするための法技術は、様々な形で発展している。たとえば、分類施設・崩壊危険建造物に関する訴訟では、それが全面審判訴訟に属することから得られる特色（一定の形式・手続の瑕疵が効力を持たないこと、審理過程における裁判官の補正、裁判官による行為の訂正、審理段階での新しい事実や法改正の考慮等）を保持しているが、これをモデルとした裁判システムが、水法の領域等に拡大している。また、最近の幾つかの立法により、当該行為の遂行につき全面的なコントロールを可能にするために、特定の行政決定に対する訴えを形式的に全面審判訴訟とする例がある（行政上の制裁に対する訴え等）。また、少なくとも部分的には越権訴訟に属していた訴訟類型が、全面審判訴訟に統合されるものがあり（執行令に係る訴え等）、行政主体に対して執行命令を出すことを裁判官に認めるような新しいタイプの訴えも創設されている。これらの様々な発展は、取消訴訟に対して全面審判訴訟が有利であるという考慮が行われていることを示している。(34)

歴史的発展を経て、越権訴訟はもはや全面審判訴訟の補充的メカニズムではなくなり、両者の違いは、原告の請求が裁判官に直接法律関係の存在につき裁断を求めるものであれば全面審判訴訟、請求が行政行為の取消しであれば越権訴訟ということになった。全面審判訴訟において、紛争は法的地位に直接係わり、取消訴訟において、紛争はその法的地位について行政主体が行う行為にのみ係わる。一九世紀において、越権訴訟はある種の破棄の訴えと解されていた。現在でも、破棄的性格は残存している。取消しの裁判官は、行政決定の適法性を裁断するのであって、当事者の要求が基礎づけられているかどうかについては裁断しない。したがって、取消しと権利の探究という訴えの二つのタイプは、それぞれ対象と効用を持つ。不都合な行為の消滅のみを望む原告には、越権訴訟が適切である。ただし、行為の取消しが新しい行為（場合により同様に不都合なものになってしまう）に至るために新しい手続が必要になることもあり得る。逆に、取消訴訟は、権利の確認や、不作為行為の命令を得るためには不適切である。この場合には、裁判官に要請された行為を定めることを請求できることが必要となろう。

全面審判訴訟の領域が制限されてきた歴史的経過と、行政裁判官が行政に対して作為命令を下すことを禁止する原則を非常に拡大する考え方によって、フランス行政訴訟の原告は、権利の存在につき裁判官が宣言することを請求する可能性を常に持っているわけではない。彼らができることは、しばしば、権利を拒否する行政決定の取消しを求めることのみである。例えば、納税者は、裁判官に対して、課税通知の適法性ではなく支払うべき納税額について宣言することを求めることができるが、建設許可の申請者は、建築確認の拒否処分の取消しのみを請求することができるのであり、裁判官が建設許可を得る権利について裁断することを請求することはできない。これは不均衡であり、権利の訴訟の方法がとれれば効率的になる。

一般的にいって、越権訴訟では対象が制約されている。そこでは、行為の取消しをもたらす攻撃方法の審査のみが行われるであろう。越権の訴えが退けられることは、攻撃された行為が適法であることを意味するのではなく、提起された攻撃方法に理由がない、又はそれが不適切である、ということを意味するに留まる。行政行為の取消しは、行政の立場が誤りであったことを意味するのでは必ずしもなく、手続に瑕疵があったり、一定の処分理由が不存在であったりするのに留まることがあり、そうであれば、別の手続や処分理由によれば同じ行為のやり直しが適法になされ得ることになる。このように、行政裁判官の判決は、当事者の権利・義務を部分的に規定するに過ぎない。全ての攻撃方法について裁断されたとしても、法と事実の判断は処分時におけるものであり、判決時点での適法な解決については分からない。したがって、越権訴訟の判決によって与えられる法的情報は相当に限定されているし、越権訴訟の判決の執行についても、多くの紛争が惹起されている。取消判決の執行については、一九九五年法によって重要な改善がなされたが、右の改革は、取消訴訟の性格を変えるものではない。

この点、全面審判訴訟において、裁判官は、当事者の請求が実体上正当かどうかについて直接判断することになる。全面審判訴訟は、越権訴訟よりも驚くほど柔軟である。理論上は全面審判訴訟の方が原告適格においてより多く要求されるのであるが、現実にはより開放的である。越権訴訟では「侵害的でない」として攻撃されない行為（内部措置・準備的行為）も、例えば当該行為の違法による損害賠償請求という形で、全面審判訴訟の方法であれば争うことができるのである。[35]

以上のように述べて、ヴェルランは、越権訴訟と全面審判訴訟という二元構造をもつ行政訴訟制度は、歴史的にその使命を終えつつあり、越権訴訟のシステムには重大な限界があることを指摘する。ヴェルランは、このような認識を前提に、越権訴訟は訴訟手続及び裁判官の権限の点でもはや不十分であり、訴えに係る権利関係を確定し、紛争を完全に解決することが可能なような、新しい権利の訴訟の発展を主張する。そして、ヴェルランは、この権利の訴訟の発展が、フランスにおける法治国家の肯定につながるとする。

ヴェルランは、裁判官が紛争を直接的に裁断することを可能にする訴えの方法の導入、より具体的には、権利宣言の訴え（action en déclaration de droit）の創設を提案する。[36] ヴェルランは、次のように主張する。いわく、この提案は、実際には、現在は越権訴訟に属している紛争を全面審判訴訟に再統合し、全面審判訴訟の枠内に、裁判官が法的地位に関して行政が行った行為の違法性のみでなく、法的地位自体に基づいて裁断することを可能とするような訴えを創設することである。消極的行為の取消しを求める代わりに、原告は、裁判官に対して、彼が積極的行為に関する権利を持つことの宣言を求めるのである。このような改革は、行政訴訟が法治国家の要請に真に答えるために必要な進歩を構成するものであるし、一九九五年法による改革も同じ方向にある。取消しと権利確認の真の相違は、裁判官の権限ではなく、審理方法にある。権利確認訴訟において、行政主体は、争われた攻撃方法に関する防御的立場に留まることはできず、当該主観的権利の存否について、原告と同様に、ポジティヴかつアクティヴに主張しなければならない。したがって、内部的違法の審理が強化される反面、外部的違法の審理の重要性は少なくなる。権利宣言訴訟は、全面審判訴訟の基本的標識と一致する。紛争の対象は、裁判官が権利又は特権の存在又は確実さについて裁断することにある。権利(法)を語るが故に、裁判官によって行使されるコントロールは完全である。裁判官は、判決時の事実と法の状態に基づいて判断する。権利宣言訴訟は、主観的権利の存在につき確認するものであるが、二つの形式がある。――第一は、行政主体が特定の行為をなす義務を確認するものである。第二は、行政主体が特定の行為をなすことが不可能なことを確認するものである。権利宣言訴訟は、行政が厳格に羈束された地位にある場合にのみ機能するのではない。抽象的には行政に判断権限があっても、具体的場合においてある決定が要請されるのであれば、訴えは機能する、と(37)。

(32)　Woerling, Vers la fin du recours pour excès de pouvoir ? Mél. Braibant, 1996, pp. 777-791.
(33)　なお、ヴェルラン論文の掲載されたブレバン記念論集は『法治国家（L'état de droit)』というタイトルである。
(34)　Ibid., pp. 778-781. 以上は、「法治国家の構築の道具及び犠牲としての越権訴訟」と題された論文第一章の要約である。
(35)　Ibid., pp. 781-785. 以上は、「取消訴訟と全面審判訴訟のそれぞれの役割と長所」と題する論文第二章の要約である。
(36)　ヴェルランは、すでに一九八〇年代から、行政決定の取消しを求める訴えに留まらない、権利宣言訴訟の必要性を主張していた。この点について、小早川・前掲注(13)四五〇頁以下に紹介がある。

(37) Ibid., pp.785-789. 以上は、「権利の訴訟の発展による法治国家の確立」と題する論文第三章の内容である。

第二節　全面審判訴訟の特色

一　全面審判訴訟の位置づけ

全面審判訴訟は、元来「通常の（ordinaire）」行政訴訟とされ、大革命以降の近代フランスにおける行政裁判制度の独自の歴史的展開の中心に位置していた。また、全面審判訴訟は、行政決定を介するという意味でわが国で言う覆審的訴訟の構造を有しつつ、裁判官の権限が行政決定の取消しを超えた全面的なものであり、公法上の権利関係を争う行政訴訟と位置づけられているのであり、このような全面審判訴訟が行政裁判の制度史上どのように形成されたのか、歴史的・理論史的な研究対象として関心を呼んだことも、当然であろう。[38]同時に、全面審判訴訟と訴訟類型上対置される越権訴訟の生成と発展を検討する場合に、全面審判訴訟の位置づけに関する議論の歴史的展開に関する研究が、重要な部分を占めることにもなった。[39]ただし、本書は、分析の対象をフランス行政訴訟類型論の現代的変容の問題に集約するという意図から、フランス行政裁判制度に関する歴史的分析を含んでいない。筆者としては、行政裁判制度史・理論史を含む行政訴訟論の検討について、他日を期したいと考えている。

ラフェリエールの登場以降、現在論じられるような形で定義された全面審判訴訟の概念が用いられるようになるが、二〇世紀に入ってからの全面審判訴訟に係る議論は、その概念自体が不均質的（hétérogène）であり、他方で行政作用の適法性コントロールの方法としてさらに飛躍的発展を遂げた越権訴訟に関する理論的関心の集中もあり、必ずしも盛んなものとはならなかった。[40]しかしながら、行政賠償責任訴訟・行政契約訴訟を典型とする全面審判訴訟は、司法裁判管轄と行政裁判管轄の境界確定に係る議論のいわば「舞台」であり、二〇世紀を通してフランス行政法学上の重大論争（grand débat）の主題となった、公役務理論、行政契約の標識、行政賠償責任論といった事柄の、制度上の背景を成していたことを忘れてはなるまい。とりわけ、裁判管轄の分配と適用法規の関係という論点は、フランス行政法における行政裁判管轄の基準に係る議論の精緻さとあいまって、全面審判訴訟をめぐる議論の切り口として、重要なものと言えよう[41]。

また、全面審判訴訟の基本的性格として、行政執行作用（opération）を争う訴えである、という部分には、論者により関心が寄せられることがあった。とりわけ、二〇世紀初期において、当時の行政法学の巨匠であったオーリウは、全面審判訴訟の訴訟類型論上の位置づけの議論を、行政作用法に係る理論的平面に投影させ、全面審判訴訟と越権訴訟の併存関係を行政法総論の全体構造に反映させる議論を展開した。このオーリウの議論は、わが国の比較法研究の素材としても繰り返し注目を集め、亘理格[42]、浜川清[43]、磯部力[44]等の論者による研究業績を生み出すこととなった。これらの研究は、オーリウの行政法学説において、全面審判訴訟と越権訴訟の併存というフランス行政訴訟類型の二元性が、行政行為論ないし行政法総論の重層構造へと投影され、さらには、「法の二つの層」（これは「制度」理論を背景とする）という基本的法思想のレベルに接合していた、ということを共通して描き出している。これらの中でも、浜川清は、オーリウの訴訟類型論を正面から分析の対象とした上で、フランスの全面審判訴訟と越権訴訟の併存関係の中に、わが国の行政法学における「取消訴訟の排他的管轄」とは異なる比較法上のモデルを見いだしている[45]。

オーリウの全面審判訴訟＝行政執行作用という理論枠組みは、越権訴訟＝執行的決定との重層的（磯部力の用語）ないし動態的（亘理格の用語）な全体構造を持つものであったが、オーリウの基本的思想自体の独自性や、オーリウ以降の学説の関心が越権訴訟の側に偏ったこと等の要因から、行政執行作用概念が正面から受け入れられて議論を深められることには結びつかなかった[46]。

他方、全面審判訴訟が権利の訴訟という性格を持つことについては、オービイとドラゴの『行政訴訟概論』において、行政訴訟手続が解説された部分で、適法性の訴訟と並んで権利の訴訟という章が立てられ、その基本的性格と訴えに係る法制度について体系的な記述がなされたことが、重要な意味を持つ(47)。なお、一九八〇年代後半以降、行政訴訟改革の動きと相まって、論者によって全面審判訴訟の復権が唱えられているが(48)、そこでは、全面審判訴訟の訴訟手続上の特色（とりわけ越権訴訟との対比による特色）が改めて注目されているものと評されよう。

(38)　全面審判訴訟論を、もっぱらフランスの統治構造論における行政裁判制度史の観点からトータルに研究した文献として、サンドゥヴァールの博士論文『全面審判訴訟の研究』(Sandevoir, Etudes sur le recours de pleine juridiction, 1964.) がある。わが国の比較行政法研究においても、フランス行政裁判制度の歴史的研究を行った業績の中には、右のような意味での全面審判訴訟論が扱われたものも存する。とりわけ、村上順による精緻な行政裁判制度の歴史的研究は、サンドゥヴァールの研究を始めとする研究成果が取り込まれており、全面審判訴訟論の探究という意味でも極めて重要な成果である。参照、村上順『近代行政裁判制度の研究』、同「ブシュネ・ルフェールの行政法理論」兼子仁＝磯部力＝村上順『フランス行政法学史』一九五頁以下。

(39)　阿部・前掲注(2)「越権訴訟の研究(一〜三)」は、越権訴訟と全面審判訴訟の対比を軸にした歴史的・制度史的研究を展開をしている。

(40)　わが国において、全面審判訴訟に着目した比較法研究として、石黒匡人「フランス行政裁判所における全面審判訴訟——判決における裁判官の権限に注目して」北大法学論集三八巻二号二七頁以下、拙稿「フランス行政法における全面審判訴訟の位置づけ(一〜三)」国家学会雑誌一〇二巻七・八号一頁以下、同一一・一二号一頁以下、同一〇三巻一・二号三九頁以下がある。

(41)　これは、裁判管轄と実体法の関係、すなわち、行政上の法律関係について当該紛争に係る裁判管轄の決定（行政裁判か司法裁判かの決定）と当該法律関係に適用される法規範の決定（行政法か私法かの決定）がどのような関係に立つのか、という問題として議論が展開された。例えば、アイゼンマンの論文「フランス行政法における裁判管轄と適用法規の関係」(Eisenmann, Le rapport entre la compétence juridictionnelle et le droit applicable en droit administratif français, Mél. Maury, 1960, pp. 379-403.) によれば、表題に係る学説は、①裁判管轄と適用法規は相互に独立している、②裁判管轄の決定が適用法規を決定する、③適用法規の決定が裁判管轄を決定する、という三つに分類される。そして、アイゼンマンは、理論的状況を、次のように整理する。いわく、行政裁判管轄を他の問題に関する決定的与件とする②説が長い間の通説であったが、二〇世紀初頭以降、主としてジェーズの功績によって後退した。しかし、ヴァリーヌやヴデルの体系書では裁判管轄が第一義的に扱われており、②説が消滅したわけではない。①説は、公法学者としてはリュシェ (Luchet, L'arrêt Blanco, 1935.) やシャピュ (Chapus, Responsabilité publique et responsabilité privée, 1954.) が、行政賠償責任の領域の研究を通して主張している少数説である。他方、現在の通説と言えるのは、ローバデールに代表される③説であり、アイゼンマン自身も、③を支持する、と。管轄と実体の結合という基本テーゼについて、拙稿・前掲注(40)(一) 二四頁以下、同(三) 七八頁以下を参照。

(42) 亘理格「行政による契約と行政決定(一～三)」法学四七巻二号七九頁以下、同三号九一頁以下、同四八巻二号六九頁以下。右論文は、オーリウの行政決定概念を分析するものであるが、行政契約からの分離可能性という問題を切り口としたこともあって、全面審判訴訟と越権訴訟の併存関係に関するオーリウの学説が検討されている。

(43) 浜川清「M・オーリウにおける取消訴訟と通常訴訟」雄川一郎先生献呈論集『行政法の諸問題(下)』四一九頁以下は、全面審判訴訟（通常訴訟）と越権訴訟の二元構造に係るオーリウの言説について、民事法上の占有訴訟と所有権訴訟の区分との類比が用いられていることに着目しつつ、「法の二つの層」などオーリウの法思想全体の構造と結び付けながら解析する。

(44) 磯部力「モーリス・オーリウの行政法学」兼子仁＝磯部力＝村上順『フランス行政法学史』三七二頁以下では、オーリウの執行的決定理論の構造を明らかにするという文脈の中で、越権訴訟に対応する執行的決定と全面審判訴訟に対応する行政実行作用の重層構造という行政行為論の基本的枠組みや、これが、「法の二つの層」というオーリウの基本的法思想と切り結んでいることが示される。

(45) 浜川清「行政訴訟の諸形式とその選択基準」杉村敏正編『行政救済法1』六九頁以下。右の箇所で、オーリウが、全面審判訴訟と越権訴訟の対象につき「行政活動の二つの側面に対応するものとして、一個の行政活動に重畳的に対応しうる」ものと捉えていたことを、改めて確認している。なお、浜川清「フランスにおける行政契約一般理論の成立(二)」民商法雑誌七〇巻一号四三頁以下では、行政契約の理論的位置づけという観点から、オーリウの学説が検討されている。

(46) 行政執行作用の概念について、本書第三章第二節を参照。

(47) Auby et Drago, TCA tome 2, p. 471 ets.

(48) 本章第一節ですでに検討したところである。

二　全面審判訴訟の訴訟手続上の特色

全面審判訴訟と越権訴訟には、幾つかの点で、訴訟手続上の相違がある。[49] これは、両訴訟の法的性質の違いを、具体的な法技術に反映させた場合に、当然に生じることである。例えば、越権訴訟による取消判決には、いわゆる対世効（erga omnes）があるが、全面審判訴訟における賠償命令判決には相対的な既判力が備わるのみである。また、全面審判訴訟において、行政裁判官は争われている行政決定に代えて自らの決定を下すのであるから、全面審判訴訟では、裁判官が、判決時における法の状態と事実状態を判断した上で、行政決定に代置する自らの決定を下すのであり、[50] 越権訴訟の違法性判断が処分時によるのと対照をなす。[51] また、越権訴訟における弁護士強制の免除や、訴訟費用の軽減は、訴訟の性質とは一応独立に、法令によって付加された両訴訟の手続上の相違ということになる。[52]

一方、全面審判訴訟は、その定義から、行政裁判官の権限の点で越権訴訟とは当然に相違がある。行政賠償責任訴訟や行政契約訴訟において、行政裁判官は、被害を被った原告に対する損害賠償を命じることができる。また、租税訴訟(contentieux fiscal)において、行政裁判官は、争われている課税措置の金額を変更する決定をすることができるし、選挙訴訟(contentieux électoral)では、行政裁判官は、争われている選挙の取消しを超えて、投票の集計結果を訂正して当選人を宣言することができる。[53] さらに、例えば、環境保全のための分類施設訴訟（contentieux des installations classées)において、行政裁判官は、分類施設に係る知事の許可を取り消すのみではなく、許可に付された条件を変更することができるし、知事の不許可処分が争われる場合に、分類施設に係る許可を与えることもできる。崩壊の危険のある建造物訴訟（contentieux des édifices menaçant ruine）では、行政裁判官は、市長の決定に代えて自らが適切と判断する工事を命じることができるし、建造物所有者の請求により、市長による修復工事命令に代えて建造物の取壊しを命じることができる。[54]

以下、全面審判訴訟の訴訟手続の詳細を記述することは避け、全面審判訴訟と越権訴訟の訴訟手続上の異同のうち、行政法理論上の視点から重要と思われる幾つかの点を取り上げて整理することとしたい。

(49) 全面審判訴訟の訴訟手続を総合的に解説するものとして、サンドゥヴアールがダローズ行政訴訟事典（Répertoire de contentieux administratif）に掲載したものがある（Sandevoir, Recours de pleine juridiciton）が、最新の情報は含まれない。

(50) CE 8 janvier 1982, Aldana Barrena, AJ 1982, p.662 ; CE 29 janvier 1986, Kodia, RFDA 1986, p. 615.

(51) オービィとドラゴは、越権訴訟と全面審判訴訟について、予先的決定、出訴期間と失権、判決の効果、判決の執行の点での相違を指摘する。Auby et Drago, TCA tome 2, p. 499.

(52) リヴェロ・フランス行政法二三二頁。

(53) 選挙訴訟では、関連法令によって、行政裁判官には、議員の委任権限（mandat）の停止、不正事実について選挙異議（contestation élecrorale）の書類を共和国検事に送付すること、選挙資金上限違反に対する制裁を課すこと等の特別な権限が付与される場合がある。

(54) Chapus, DCA, pp. 823-824.

三　決定前置主義と全面審判訴訟

フランス行政訴訟手続の基本原則のひとつとして、決定前置主義がある。すなわち、原則として、行政訴訟は行政決定に対する不服としてのみ形成されるのであり、「決定なければ訴えなし（pas de décision, pas d'action）」とされている。これが、予先的決定（décision préalable）の原則と呼ばれるものである。[55] 一九八九年法典R一〇二条には、「地方行政裁判所は、公土木の領域を除いて、決定に対して形成される訴えの方法のみを審理する」、と規定されている。

この決定前置主義は、越権訴訟のみならず、全面審判訴訟（公土木等の例外を除く）においても適用される。[56] 越権訴訟の場合は、そもそも行政決定の取消しを求める訴えと定義づけられているので、決定前置主義はいわば当然にこれと整合する。越権訴訟において、決定前置主義は、越権訴訟の対象が行政決定に限定されるという形で意味を持つことになる。一方、全面審判訴訟については、例えば、行政作用により損害を被ったと考える原告は、直接行政裁判官に対して損害賠償請求の訴えを提起するのではなく、まず当該行政機関に損害賠償を請求した上で、それを拒否する行政決定に対する不服という形で訴えを提起しなければならない、という仕組みになっている。(57)

決定前置主義は、フランス行政訴訟の基本構造に関わる原則として、いわゆる「大臣裁判制度(ministre-juge)」の克服の過程で歴史的に形成され維持されているわけであるが、右のように、とりわけ全面審判訴訟においてその特色が強く反映するものと言える。(58)学説においては、決定前置主義において共通するという観点から越権訴訟と全面審判訴訟の同質性を説き、全面審判訴訟のカテゴリーの独自性に強い疑問を投げかけるものもあった。(59)しかし、通説は、決定前置主義の存在によって全面審判訴訟と越権訴訟の区別の意味を否定することはしない。例えば、リヴェロは、予先的決定は全面審判訴訟の「単に必要な前提にすぎない」とし、その根拠として、「全面審判訴訟は、当該主張の正当性の確認および行政に対する有責性の宣言を目的」とすることを挙げている。(60)

右の点と関わって、すでに紹介したように、シャピュは、行政訴訟の基本類型を、原則としてある行政決定の取消しを求める申立てに対して形成される訴訟（contentieux des recours＝抗告訴訟）と、制裁を課すためにある人に対して遂行される訴訟（contentieux des poursuites＝訴追訴訟）に二分することを提唱している。(61)シャピュの類型のうちの前者は、越権訴訟と全面審判訴訟に加えて解釈訴訟等も含むものであり、実際にはフランス行政訴訟のほとんど大半を占めるのであるが、シャピュの見解は、行政訴訟の構造の理論的分析という意味で、重要な問題提起と言えよう。(62)もっとも、シャピュは、抗告訴訟の下位分類として全面審判訴訟と越権訴訟を改めて掲げる。そして、シャピュは、全面審判訴訟と越権訴訟の区別が訴訟手続の法制度において有意味であることを指摘し、自らの行政訴訟の基本構造を叙述する際には、越権訴訟・全面審判訴訟・訴追訴訟という三分法を採用している。いずれにしても、決定前置主義の該当という点において、越権訴訟と全面審判訴訟の区別がないことは、フランスにおける全面審判訴訟の構造を理解する上で見逃すことはできない。

なお、全面審判訴訟と決定前置主義の関係という観点からは、行政契約訴訟について、特有の論点がある。行政契約は、行政決定（予先的決定）とは異なる行為形式であるので、決定前置主義の原則から、直接これを対象に行政訴訟を提起することは不可能である。したがって、原告（行政契約の当事者又は第三者）が行政契約訴訟を提起しようとする場合には、予め何らかの行政決定を先行させることが必要になる。しかし、これには、幾つかの例外がある。まず、行政契約無効宣言訴訟（recours en déclaration de nullité des contrats administratifs）の類型がある。この訴訟類型は、全面審判訴訟に分類され、契約当事者のみが原告適格を持つが、予先的決定の必要がなく、出訴期間の制限もないとされる。[63] ただし、行政契約無効宣言訴訟は、判例法上その存在は確立されているが、現実に利用される頻度は極めて少ないとされている。[64] 次に、立法上の重要な例外として、一九八二年三月二日地方分権改革法（三条、四六条、六九条）による適法性統制訴訟（déféré préfectoral）がある。この適法性統制訴訟の方法によれば、分権化された機関による行政契約について、決定前置主義によることなく、直接越権訴訟で争うことができることになる。行政契約と適法性統制訴訟の関係については、本章第三節二において後述する。他に、適法性評価訴訟では、行政契約についても違法性の宣告が可能であるとされている。[65]

（55）　フランスにおける予先的決定については、行政訴訟との結合という手続的視点から捉えられた行政行為論の理論モデルとして、わが国の行政法研究者による比較法的検討の対象として注目された時期があった。右のような文脈の研究業績として、兼子仁『行政行為の公定力の理論〔第三版〕』二二五頁以下、阿部泰隆『フランス行政訴訟論』七四頁注(10)等を参照。

（56）　Chapus, DCA, pp. 444-445. なお、決定前置主義が全面審判訴訟にも適用されることを明示したコンセイユ・デタ判決

（CE 8 juillet 1977, Consorts Boussaroque.）があるとされるが、筆者は未見である。

(57) 阿部泰隆は、全面審判訴訟における決定前置主義について、「わが国における形式的当事者訴訟に類似する」と評する。阿部・前掲注(55) 五頁。

(58) 全面審判訴訟において、決定前置主義を満たしていないために却下される訴えが多いという指摘がある。Gohin, CA, p. 175.

(59) Guillen, Décision préalable et distinction des contentieux en droit administratif français, Mél. Stassionpoulos, 1974, p. 259.

(60) リヴェロ・フランス行政法二三七頁。

(61) Chapus, DCA, p. 173.

(62) シャピュの類型のうち、contentieux des recours については、その基本構造が、日本法における抗告訴訟、あるいは、日本の学説にいう覆審的訴訟に類似したものと言えよう。

(63) 行政契約の無効の問題全般につき、Cf. Pouyaud, La nullité des contrats administratifs, 1991.

(64) Chapus, DCA, pp. 627-628 ; Gohin, CA, p. 162.

(65) Chapus, DCA, p. 629.

四　出訴期間と全面審判訴訟

フランスの行政訴訟手続において、行政決定は、原則として二か月の出訴期間に服する。(66) すなわち、告知（個別的行政決定の場合）または公示（行政立法的決定の場合）から二か月を経過し、かつ、その期間内に行政裁判官に訴えを提起されなかった行政決定は、確定的（difinitive）になるのであり、以降当該行政決定に対する訴えは不受理となる。

しかし、ある行政決定が訴えの対象となり得ないという意味で確定的になったからといって、それが適法性を獲得するわけではない。出訴期間を徒過して確定的になってしまうと、行政訴訟により当該行政決定を取り消すことはできなくなるが、何らかの形で右決定の違法性を争う訴訟手続が存在する場合がある。例えば、違法な行政立法的決定について利害関係者は廃止の請求をすることが可能であり、右請求に対する拒否決定の取消しを求める越権訴訟を提起することによって、確定的になった行政立法的決定の違法性を争うことができる。(67)

また、確定的になった行政決定とは別の行政決定の取消しを争う訴訟の中で、確定的になった決定の違法性を主張することが認められる場合があり、違法の抗弁（exception d'illégalité）の問題として知られている。(68)違法の抗弁に関する判例法は、法的安定性の確保と、違法性継続の回避という相反する二つの要請のバランスの上で形成されてきた。すなわち、行政立法的決定については、違法の排除が重視され、当該行政立法に基づく決定を争う訴訟における違法の抗弁が受理される一方、個別的決定（非行政立法的決定）については、法的安定性の確保が重視されて、当該決定に関する違法の抗弁は不受理とされている。このように、行政立法的決定の違法性については、関連する行政決定に対する訴えにおける違法の抗弁という形で争う方法が、いわば永続的に開かれている。もっとも、近年、都市計画法の領域において、行政立法的決定に関する違法の抗弁の可能性を縮減する動向が見られる。特に、一九九四年二月九日法では、都市計画決定の外部的違法性（形式・手続の瑕疵）に関する違法の抗弁について、その受理期間を原則として六か月に限定するという立法がなされた。これは、都市計画法における行政立法的決定の争訟について、早期の法的安定性の確保という点が配慮された結果と言えよう。(69)

さらに、個別的決定（非行政立法的決定）が確定的になっても、右決定と後続の決定とが一連の「複合的作用（opération complexe）」を形成していると解釈される場合には、後続の行政決定を争う行政訴訟の中で先行決定の違法性を主張することができる。すなわち、行政判例法は、幾つかの行政決定の連続が「複合的作用」を形成していれば、その中の先行決定（又は中間的決定）が確定的になっても、最終的決定につき出訴期間内に提起された訴えにおいて、先行決定（又は中間的決定）の違法性を主張することができるのである。[70]

ところで、先に論じたように、全面審判訴訟の場合も、決定前置主義の適用がある。[71] このため、全面審判訴訟にも、行政決定に対する二か月の出訴期間という原則が妥当することに変わりはない。しかし、行政機関に対して決定を求める請求を行う期間については特別な定めがないこと、[72] さらに、全面審判訴訟の場合には「黙示の拒否決定」について出訴期間の制限がないこと等から、[73] 全面審判訴訟における出訴期間は、越権訴訟のそれと比べると、緩和されたものになっている。ただし、金銭上の請求を行う場合には、公法上の消滅時効による期間の限界が存在する。[74]

以上のような、出訴期間の違いから、越権訴訟の出訴期間を徒過したために確定的となった行政決定について、全面審判訴訟を提起することによってその違法性を争うという局面が生じる。[75] なお、コンセイユ・デタは、一九一一年の判例において、越権訴訟の出訴期間を徒過した行政決定について、全面審判訴訟（行政賠償責任訴訟）の中で取消しを請求することが可能である、という解釈を示したことがあった。[76] この判決は、越権訴訟における出訴期間の存在意義と行政決定の不可争性についての議論を根本的に覆す可能性を含んだものであったが、その後、これに追随する判決が現れることはなく、越権訴訟の出訴期間を徒過した行政決定それ自体の取消しを別の訴訟手続の中で求めることは不可能という法理が維持されることとなった。

一般的に、確定的になった行政決定の違法性は、当該決定を原因とする損害に対する行政賠償請求において、争うことが可能である。[77] この一般原則を前提にすると、金銭給付（ないし給付拒絶）に係る行政決定が確定的になった場合に、出訴期間を徒過して不受理となった越権訴訟の代わりに、行政主体に対して適正と考える金額の支払いを求める全面審判訴訟を提起することが可能か、という問題が生じる。判例法は、確定的になった行政決定の対象(objet)が、排他的に金銭的なものか否かによって場合分けをした上で結論を導いている。

まず、確定的になった行政決定の対象が金銭給付（ないし給付拒絶）以外にも及んでいる場合には、行政主体に対して金銭支払いを求める全面審判訴訟において、右決定の違法性を争うことができる。[78] 次に、確定的になった行政決定が金銭給付（ないし給付拒絶）のみを対象とする場合には、当該決定が明示的決定（関係人の請求又は行政機関の職権による）であれば、当該決定の違法性のみを争って同一金額の損害賠償を請求する全面審判訴訟は不受理になる。[79] 右のケースでは、行政決定はそれと不可分の金銭的効果全体を含めて、不可争的になったものと解釈されるのである。ただし、同様の場合について、確定的になったのが黙示の拒否決定であれば、全面審判訴訟の出訴期間は未だ徒過していないものとして受理可能とされている。[80]

(66) 出訴期間に関する法制度全般について、司法研修所・研究一六九頁以下が詳細である。

(67) 非行政立法的決定については、法又は事実状態の変更によってそれが違法になった場合にのみ廃止の請求が可能であり、右請求に対する拒否決定を越権訴訟で争うことができる。Chapus, DCA, pp. 553-554.

(68) 兼子仁『現代フランス行政法』七七頁以下。

(69) Chapus, DCA, pp. 571-575. 逆に、刑事罰については、行政立法的決定の違法の抗弁を拡張する形で判例法が変化しているとされる。

(70) Chapus, DCA, pp. 578-583. 複合的作用と評価されるためには、単に行政決定に連続性があるのみではなく、先行する決定が後続の決定を法的に条件づけるという構造が成り立っていなければならない。複合的作用の典型とされるのは、公用収用手続（expropriation）における公益性宣言（déclaration d'utilité publique）と収用決定（arrêté decessibilité）、公務員の採用手続における任用決定と採用試験であるとされる。

(71) Auby et Drago, TCA tome 2, p. 502.

(72) リヴェロ・フランス行政法二三七頁。

(73) 出訴期間に関する事項が立法によって明文化されたのは、一九六五年一月一一日デクレ（D 1965, p. 70.）においてであり、その内容が法典化されて現在に至っている。なお、右のデクレについては、交告尚文「フランスにおける行政と公衆の関係改

善」六甲台論集三一巻四号一四九頁以下を参照。

(74) Auby et Drago, TCA tome 2, p. 515 et s.

(75) 兼子仁は、これを全面審判訴訟の方法を用いた行政決定の「間接的争訟」の問題と呼んでいる。兼子・前掲注(68)七四頁以下。

(76) CE 31 mars 1911, Blac, Argaing et Bézie, S 1913. 3. 129, note Hauriou. 右の判決は、オーリウが全面審判訴訟による越権訴訟の吸収論を展開するひとつの契機となったことでも知られている。拙稿「行政判例と行政法学(二)」立教法学四一号一三六頁以下を参照。ただし、右判決は、全面審判訴訟と越権訴訟の併合を認めたという意味において、先例としての評価を保っている。Cf. Debbasch, Procédure administrative contentieuse et procédure civile, 1962, pp. 49-50.

(77) Auby et Drago, TCA tome 2, pp. 524-525. リーディングケースとして、CE 3 décembre 1952, Dubois, JCP 1953. 2. 7353.

(78) CE 14 octobre 1960, Laplace, L 540. ただし、右のラプラス判決は、黙示の拒否処分に関する事例であることに注意が必要である。

(79) CE 2 mai 1959, Lafon, L 282.

(80) CE 5 janvier 1966, Dlle Gacon, D 1966, p. 362, note Sandevoir.

五　訴えの利益と全面審判訴訟

訴えの利益（intérêt à agir）は、行政訴訟手続における訴えの受理可能性要件（原告の適格性に係る主観的受理要件）の中でも、第一に要求されるものである。立法により、特定の公的機関に対して行政作用の違法性を審査するための訴えを遂行する法的権限が与えられる場合（例として地方分権改革法による適法性統制訴訟がある）を除けば、訴えの遂行を正当化するのは訴えの利益であり、訴えの利益の侵害から、原告が裁判官の裁断を求める法的資格が導き出されるのである。

ここで、全面審判訴訟（なかんずく主観的全面審判訴訟）は原告の権利侵害を救済するための手続であり、越権訴訟は行政決定の適法性の統制を行うための手続である、という図式に照らしてみると、（主観的）全面審判訴訟の受理要件としては権利侵害が要求されるのに対して、越権訴訟の受理要件は単なる利益侵害で足りる、という説明が成り立つであろう。[81]

しかし、越権訴訟と全面審判訴訟の両方について決定前置主義が該当することから考えるならば、右の議論は必ずしも説得的ではない。すなわち、全面審判訴訟を提起する際にも行政決定が先行して存在しなければならないのであるが、翻って、この予先的決定が存在するならば全面審判訴訟の手続は開かれるのである。この観点からすると、全面審判訴訟において、権利侵害の有無は本案の問題であって、訴えの受理要件の問題ではない、と言うこともできよう。例えば、シャピュは、以下のように述べている。（訴えの利益の）「観点において、訴訟の性質による区別をする必要はない。すなわち、一般に考えられているように、権利の侵害を争う訴えの受理可能性は権利侵害の存在を必要とする、と考えるべきではない。なぜならば、権利侵害の存在は、訴えの本案審理によることになるからである。[82]」

（81）　リヴェロ・フランス行政法二三〇頁、司法研修所・研究一八二頁。
（82）　Chapus, DCA, p. 393.

第三節　全面審判訴訟・越権訴訟併存の法制度とその現代的変容

一　分離し得る行為の理論

フランス行政法の歴史的展開の中で、一九世紀を通じて、全面審判訴訟と越権訴訟の基本的な関係は、全面審判訴訟を通常訴訟（recours ordinaire）とする一方、越権訴訟を補充訴訟（recours subsidiaire）として位置づけるものであった。ここから、全面審判訴訟の方法が可能な場合について越権訴訟を不受理とするという、並行訴訟の抗弁（exception de recours parallèle）の法理が導かれたのである。[83] したがって、二〇世紀初頭以前の判例法によれば、ある行政作用が全面審判訴訟に服する可能性があれば、当該行政作用に含まれる行政決定の違法性を争おうとする越権訴訟は、当然に不受理という結論が導かれていたのである。その後、越権訴訟を発展させる方向での判例法の展開により、並行訴訟の抗弁は次第に縮小され、越権訴訟を補充訴訟とする考え方は打ち破られてゆく。この方向性とも関連して、行政判例法は、全面審判訴訟の対象となる行政作用の領域について越権訴訟の受理可能性を拡大するための法技術として、分離し得る行為の理論（théorie de l'acte détachable）を導入したのである。この分離し得る行為の理論は、並行訴訟の抗弁の適用領域を縮小させるのに大きな役割を果たした。

一九世紀の行政判例法では、全面審判訴訟の対象となる行政上の執行作用（opération）について、並行訴訟の抗弁により、当該行政過程全体について越権訴訟の受理可能性が否定されていた。すなわち、選挙、租税、行政契約等の執行作用の中に含まれる行政決定の違法性については、越権訴訟ではなく全面審判訴訟（選挙訴訟、租税訴訟、行政契約訴訟等）で争うものとされてきた。これに対して、二〇世紀初頭の行政判例は、選挙、租税、行政契約の執行作用に含まれている行政決定のうちの一部について当該執行作用からの分離可能性（détachabilité）を認め、越権訴訟の対象に含めたのである。[84] この法技術が、分離し得る行為の理論と呼ばれるものであり、その実益は、当該決定に係る利害関係者が、執行作用から分離された行政決定について、越権訴訟によってその違法性を争うことを可能としたことにあった。例えば、行政契約について、契約当事者以外の第三者が全面審判訴訟を提起するのは一般に困難であったが、越権訴訟であれば当該決定の利害関係者について訴えが受理されることになる。

分離し得る行為の理論の生成・発展の過程については、わが国の比較行政法研究においても、好んで取り上げられてきた[85]。本書では、分離し得る行為の理論の展開それ自体について論じることはせず、判例法の現状や、分離し得る行為の理論に関する新しい議論の動向についてのみ、概観することとしたい。

(1)　選挙の執行作用　選挙の執行作用に関する行政決定につき分離可能性を認めて越権訴訟の受理を可とする判例法は、一九〇三年のコンセイユ・デタによるシャボ判決を嚆矢として形成された[86]。選挙の執行作用における分離し得る行為の理論の適用関係は、その後の立法・判例によって複雑さを増して現在に至っているのであるが、以下では、全面審判訴訟の対象となる通常の行政的選挙（地域圏議会・県議会・市議会の各議員選挙、公法人に関する選挙、行政委員会に関する選挙等）の執行作用について、分離し得る行為の理論の適用状況のみを整理する[87]。

行政判例法は、右のシャボ判決において、恒久性を持つ行政立法的行為（acte règlementaire permanent）の選挙執行作用からの分離可能性を認めた[88]。すなわち、個別の選挙が遂行された後も法的意味を保つ行政決定について、全面審判訴訟の対象となる選挙執行作用から分離して、越権訴訟の受理可能性を認めるという基準が示されたのである。右の基準は、現在の判例法においても、肯定されているものと考えられる[89]。

さらに、一九八九年に至って、判例法は、選挙執行作用からの分離可能性を拡大する新たな基準を示した。一九八九年のコンセイユ・デタによるオルブラン判決は、ヨーロッパ議会議員選挙に関して、視聴覚高等委員会（Conseil supérieur de l'audiovisuel）が行った、選挙運動用放送番組の制作・放映条件を定める決定及び選挙用ポスターの掲示割当てに関する決定について、越権訴訟による取消請求を受理したのである[90]。この判決については、恒久性を持つ行為でなくても、当該選挙の遂行全体に影響する性格の行政決定について、越権訴訟によって争う可能性を拡大したものと評価されている。その後、一九九四年には、選挙人召還（convocation des électeurs）の決定について、越権訴訟の受理を認めるコンセイユ・デタ判決も出されており、当該選挙のみに関わり恒久性を持たない行為に対する分離可能性の肯定という方向性は、より明確になりつつある[91]。

シャピュは、一九八九年以降の新しい判例法について、その射程を過大評価すべきでないことを留保しつつも、投票が行われて結果が出される前に係争行為を取り消すことが可能となり、誤った選挙執行作用の遂行を予防することができるという点で、意義が認められると評価している[92]。

(2)　租税の執行作用　租税執行作用から分離可能な行政決定について越権訴訟の受理可能性を認めるという判例法は、一九一三年のコンセイユ・デタによるブレイユ判決によって確立されたとされている[93]。分離可能性の基準としては、まず行政立法的行為は原則として分離可能性が認められ、越権訴訟の提起が可能とされる。非行政立法的行為については、課税の名宛人が原告となる場合には分離可能性が否定される一方、名宛人以外の第三者が越権訴訟を提起する場合には分離可能性を認めてこれを受理するというものである。これは、第三者が租税執行作用に含まれる行政決定の違法性を争う方法は越権訴訟のみであること、他方で、課税の名宛人は全面審判訴訟によって税額の決定まで請求することが合理的であることを考慮したものとされる。ただし、右の基準については必ずしも絶対的なものではなく、各種の例外が見られる[94]。

(3)　行政契約の執行作用　行政契約の領域は、分離し得る行為の理論の適用によって、契約執行作用から分離可能な行政決定に対する越権訴訟の受理可能性が拡大された典型であった。今世紀初頭の行政判例法は、契約締結に係る行政決定と、契約執行（契約解除を含む）に係る行政決定とに二分した上で、分離可能性に関する法理を展開させていった[95]。

行政契約の執行作用に係る分離し得る行為の理論の適用状況は、行政契約の執行作用が契約締結に係る部分であるか契約執行に係る部分であるかという区分、及び、訴えの原告が契約当事者であるか契約外第三者であるかという区分、という二つの区分の組み合わせによって規定される。契約締結に係る行政決定は、契約を締結するという決定のみにとどまらず、契約締結の許可、締結された契約の承認といった決定についても、分離可能性が肯定される。この契約締結に係る行政決定であれば、越権訴訟を提起する原告が契約当事者であると契約外第三者であるとを問わず、行政決定の分離可能性は認められる。[96] 他方、契約執行に係る行政決定の分離可能性については、契約当事者と第三者とによって結論が異なる。契約外第三者については、原則として、契約執行に係る行政決定の分離可能性が認められて越権訴訟が受理される。[97] 比較的近年（一九八七年）のコンセイユ・デタによるＴＶ６判決では、国が放送局に与えた特許契約を解除する決定（デクレ）について、番組制作関連会社から提起された越権訴訟を受理するという解釈が示され、契約解除に係る行政決定の分離可能性を確認したものとして注目された。[98] 契約当事者については、全面審判訴訟（行政契約訴訟）を提起して争うことが可能であるので、右の行政決定の分離可能性は認められず、越権訴訟は提起できない。[99]

行政契約訴訟は、それが全面審判訴訟の典型とされる一方、行政契約の執行作用から分離可能な行政決定について越権訴訟の提起可能性を拡大するという、分離し得る行為の理論が判例法上展開される主要な局面となった。この行政契約の行為形式と越権訴訟の訴訟形式の関係については、近年になって、判例・学説上、新たな問題提起がなされ、行政訴訟類型論全体に係る議論が見られる。以下、項を改めて、行政契約と越権訴訟の関係という論点について、問題状況を整理しておきたい。

(83)　阿部・前掲注(55)二六頁以下。
(84)　二〇世紀初頭において、並行訴訟の抗弁を後退させた行政判例法については、拙稿「行政判例と行政法学(一)」立教法学四〇号三八頁以下。
(85)　山田幸男『行政法の展開と市民法』二九八頁以下、遠藤博也『行政行為の無効と取消』二五二頁以下、亘理・前掲注(42)等がある。
(86)　CE 7 août 1903, Chabot, S 1904. 3. 1.
(87)　一九七七年七月七日法により、ヨーロッパ議会議員選挙も同様の法制度に服する。なお、立法府議員選挙・大統領選挙・国民投票（votations référendaires）については、政治的選挙（élection politique）のカテゴリーに含まれるため、一般的に行政裁判管轄は及ばない。これらの政治的選挙についても、その執行作用から分離可能な行政決定について越権訴訟の受理可能性を認めるという形で分離し得る行為の理論が適用されている。政治的選挙に関する分離し得る行為理論の現状について、Chapus, DCA, pp. 594-600.

(88)　シャボ判決では、市町村の選挙区割りを変更する県議会の議決について、選挙執行作用から分離可能とされている。

(89)　CE 22 octobre 1979, Union démocratique du travail, AJ 1980, p. 19.

(90)　CE 20 octobre 1989, Horblin, AJ 1989, p. 763.

(91)　CE 28 janvier 1994, Saint-Tropez, AJ 1994, p. 193.

(92)　Chapus, DCA, p. 590.

(93)　CE 28 février 1913, Breil, S 1913. 3. 37.

(94)　Chapus, DCA, pp. 600-603.

(95)　CE 4 août 1905, Martin, S. 1906. 3. 49, note Hauriou. 亘理・前掲注(42)(二) 九二頁以下、拙稿・前掲注(84) 四四頁以下を参照。

(96)　行政判例は、行政契約からの分離可能性について、まず契約当事者、次に契約外第三者からの越権訴訟を肯定した。拙稿・前掲注(95) 四四頁以下を参照。

(97)　CE 24 avril 1964, Société anonyme de Livraisons industrielles et commerciales, AJ 1964, p. 293. なお、一九六四年以前の判例法では、契約執行に係る行政決定を契約外第三者が争う場合において、行政立法的性格の決定のみが分離可能性を認められ、それ以外の行政決定の分離可能性は認められないという法理が採用されていた。さらに、現在の判例法でも、契約外第三者が原告となるケースであっても、契約関係との結合性が強いという理由で分離可能性が否定される例もあるとされる。

(98)　CE 2 février 1987, TV6, AJ 1987, p. 315.

(99)　ただし、契約が、予定された法的地位を付与するものであり、その法的性格が契約的というよりも命令的であるような場合（契約で官吏を採用するような場合）について、当該契約の執行に係る措置について契約当事者が原告となる際に、分離可能性を認めて越権訴訟を可とする判例法がある。Chapus, DCA, p. 821.

二　行政契約と越権訴訟

フランスの行政判例法において、行政契約を争う訴えの方法は全面審判訴訟であり、行政契約に対する越権訴訟は排除されてきた。少なくとも一九世紀中葉において並行訴訟の抗弁の法理が確立して以降、行政契約を直接越権訴訟の対象とすることは、行政判例法上否定されてきた。学説においても、ラフェリエールは越権訴訟について並行訴訟の抗弁を正当化して全面審判訴訟と分離することを主張したし[100]、主観訴訟と客観訴訟を区分する学説も契約に係る訴訟と越権訴訟を分離する理論的根拠を提供したため、いずれにしても、越権訴訟は行政契約について直接機能するものとはならず、行政契約訴訟は全面審判訴訟のひとつの典型をなし続けた[101]。

右の状況を背景に、行政判例法は、行政契約という執行作用から行政決定を分離して越権訴訟の方法に乗せるという、分離し得る行為という法技術によって、行政契約についても越権訴訟をいわば間接的に機能させることを可能にする方向で発展した。その現状については、本節一で検討したところである。しかし、最近になって、行政契約という行為形式を、直接越権訴訟によって争う可能性を開くかのごとき立法・判例が登場し、これを受けた新しい議論が展開されている。以下、この動向を検討したい。

行政契約を直接の対象とする越権訴訟の可能性について、議論の端緒となったのが、一九八二年三月二日の地方分権改革法[102]によって導入された、県知事が市町村等の分権化された行政機関の行為の適法性の審査を行政裁判所への提訴によって求める、適法性統制訴訟（déféré préfectral）であった[103]。適法性統制訴訟は、分権化の推進のため、県知事（地方官庁）と市町村等の関係について、従来の後見監督のシステムに代わるものとして導入された。その仕組みは、県知事が、市町村等の行為の適法性について疑いを持つ場合に、地方行政裁判所に訴えを提起して、当該行為の違法性を原因とする取消しを求めることにより、その適法性コントロールを行うというものである。

右の適法性統制訴訟の対象となる市町村等の行為には、一方的行政決定のみでなく、行政契約に相当する行為形式も含まれるのであり、行政訴訟における決定前置主義の立法による例外として、行政契約が直接訴えの対象となり、行政契約の取消しが請求され得ることになる。他方、適法性統制訴訟の法的性格は越権訴訟である、という解釈が定着する。以上の結果として、分権化された機関の行う行政契約について、適法性統制訴訟という形で、直接越権訴訟の対象として争うというルートが開かれたのである。(104)

これとは別に、ごく最近に至って、行政判例法は、行政契約と越権訴訟の相互排除の関係を見直すかの如き傾向を示している。繰り返し述べたように、行政判例法は、越権訴訟の対象を行政決定のみと解釈しており、原則として行政契約について越権訴訟が受理されることはない。しかし、この点で、一九九六年に注目されるコンセイユ・デタ判決が出されるに至った。すなわち、同年七月一〇日にコンセイユ・デタが出したカイジル判決は、廃棄物処理に関する特許契約（concession）の中の、ごみの出し方の方法について定めた条項につき、越権訴訟を受理したものである。(105) 理論的に敷衍すれば、カイジル判決は、行政契約中の行政立法的条項について、それを契約から切り離して越権訴訟の対象として認めた、ということになる。

行政契約に含まれる行為形式のうち混合行為(actes mixtes)としての性格を持つもの（典型は公役務の特許契約）は、契約的条項と行政立法的条項の両方を含んでいると解釈される。(106) 従前、契約的条項はもちろん、行政立法的条項についても、越権訴訟の対象性は否定されてきたが、カイジル判決は、この点を改めたのである。伝統的判例法は、行政立法的条項に違反した措置について、契約外の第三者又は役務の利用者が越権訴訟を提起して違法性を争うことを認めてきたが、カイジル判決に至って、行政立法的条項を直接越権訴訟の対象とする、という判例法の展開が見られたわけである。(107)

カイジル判決は、行政契約から行政立法的条項が分割される限りで、右条項に対する越権訴訟の受理を認めたのであって、そこから直ちに行政契約に対する越権訴訟の直接の提起という方向での判例法の展開に結びつくかどうかは判定できない。しかし、このカイジル判決が、行政契約と越権訴訟の関係に係る判例法の展開として、注目に値するものと言えるであろう。[108]

なお、シャピュは、カイジル判決による判例法の変更を受けて、違法性を帯びた行政契約（例えば、権限のない行政機関によって締結されたり、定められた手続に従わずに締結されたもの）について、直接越権訴訟の受理を認めるべきである、という解釈論を主張している。[109] シャピュの見解で注目されるのは、越権訴訟の行政契約への拡大という主張を、適法性統制訴訟に関する判例法との関連で論じている部分である。地方分権改革法による適法性統制訴訟は、前述のように、県知事が違法と考える分権化機関（地方公共団体等）の行為を地方行政裁判所に付託するという法的仕組みである。この仕組みに関連して、知事には適法性統制訴訟を提起する法的義務があるのか、という問題がある。具体的には、市民が知事に対して適法性統制訴訟を提起することを請求したにもかかわらず、知事が当該訴えの提起を拒絶した場合に、知事の拒否決定を（市民の側が）越権訴訟で争うことが可能かという論点が生じた。右の点について、一九九一年のコンセイユ・デタによるブラスル判決は、請求者が分権機関の行為について直接越権訴訟で争えることを根拠に、知事による適法性統制訴訟の提起の拒否決定は越権訴訟の対象とならない、と判断したのである。[110] すなわち、ブラスル判決の法理は、市民には当該行政決定に対する越権訴訟の提起という直接の方法があるので、知事の訴え提起の拒否決定を越権訴訟で争うことはできないというものである。[111] 翻って、知事の適法性統制訴訟は明文によって行政契約を対象にすることができるのであるが、行政契約は越権訴訟の対象とはならない。したがって、市民には分権化機関が締結する行政契約を直接に争う方法はなく、行政契約についてブラスル判決の法理は妥当しないことになる。シャピュは、ここから、行政契約に対する越権訴訟の拡大という方向での判例法の展開可能性を指摘するのである。[112]

カイジル判決に続いて、コンセイユ・デタが一九九八年に出したリズュ市判決は、さらに注目すべき内容をもつ[113]。すなわち、リズュ市判決では、市による契約職員採用の有効性が争われた事件において、市が締結した職員採用契約について、市議会議員による取消しの訴えを受理してこれを取り消したのである（知事による適法性統制訴訟も同時に受理している）。この結果、市町村の締結する職員任用契約について、適法性統制訴訟以外でも、訴えの利益を持つ者が直接取消しを請求して争う可能性が認められたことになる。さらに、リズュ市判決に付された政府委員ジャック・アンリ・スタールの論告には、行政契約につき直接越権訴訟によって争うことにより、行政主体の活動の適法性コントロールを行う道を開く可能性について、詳細に論じられているのである。ただし、スタールの論告でも、現時点ですぐに行政契約一般に対する越権訴訟を可とする改革に踏み切ることには、様々な問題点の所在を指摘して躊躇が示されている[114]。しかし、右の論告に伝統的な行政訴訟類型論に対する批判と改革への指向が示されている点は、関心を惹かれるところである。

いずれにしても、一九九〇年代後半に入ってからの行政判例法の動向は、地方分権改革法による適法性統制訴訟の創設と併せて、契約訴訟をめぐる全面審判訴訟と越権訴訟の併存のあり方そのものに係る本質的な改革へと向かう可能性を含むものと考えられる。

さらに、行政契約訴訟については、分離し得る行為の理論の適用に関連して、契約の執行作用から分離された行政決定が越権訴訟で取り消された場合に、当該行政契約の無効をもたらすのか、という重要な問題がある。右の論点について、判例・学説は、分離し得る行為の越権訴訟による取消しは、分離された行政決定の法的効力のみに関わり、当該契約そのものに直接の効力を及ぼさない、という原則を採用してきた。例えば、ある行政契約の締結に係る行政決定が越権訴訟によって取り消されても、当然に当該行政契約が無効となるのではなく、契約の無効については全面審判訴訟の判決をまつことが必要になる[115]。分離可能性という法技術は、行政契約の領域において越権訴訟と契約の効力を一応切断するのであり、越権訴訟と全面審判訴訟（行政契約訴訟）の相互独立性を示すものとなっている。[116] しかし、行政判例法は、一九九〇年代に入って、この論点について新しい展開を示しつつある。まず、一九九三年のコンセイユ・デタによるボルメ・レ・ミモザ国際ヨットクラブ判決は、一九七〇年代に海洋リゾート建設の特許契約を授与する行政決定が越権訴訟によって取り消された後、かつての特許契約者から提起された損害賠償請求の訴えを退けたものである。[117] このボルメ・レ・ミモザ国際ヨットクラブ判決の意味は、行政契約から分離し得る行為が越権訴訟によって取り消された場合、改めて行政契約訴訟を提起して当該契約の無効を確認しておかなくても、契約当事者が分離し得る行為の取消しを直接の根拠として当該契約の無効を相手方に対して対抗できることが確認されたことにある。すなわち、分離し得る行為の取消しの後、当該行政契約関係を終結させるための契約訴訟の介在が必ずしも必要でないことが示されたことになる。[118]

続いて、一九九四年のコンセイユ・デタによるロペス判決は、ある市の私産の賃借人による、右私産の売却を許可した市議会決議の取消請求を認めたのであるが、同時に、市に対して、譲渡人から当該私産を回復するための契約訴訟を提起することを、罰金強制の下に命じたのである。[119] すなわち、ロペス判決は、行政契約外の第三者が契約から分離し得る行為につき越権訴訟を提起する際に、当該行為の取消しから導かれる帰結につき契約当事者である行政主体が自ら契約訴訟を提起することを罰金強制により強制する、という方法を認めるものであった。

ボルメ・レ・ミモザ国際ヨットクラブ判決とロペス判決は、行政契約から分離し得る行為に対する越権訴訟について、行政契約それ自体の効力に係る紛争についても一定の解決をもたらす役割を与えようとする方向を示すものと考えられる。これを敷衍すると、これまで全面審判訴訟の典型とされてきた行政契約訴訟について、越権訴訟のシステムをより一層整備することによって、両訴訟の併存関係を見直そうとするように思える。しかし、仮にこのような方向によっても、契約からの分離可能性という法技術を用いた越権訴訟の方法には、原告側から見た訴訟手続の煩雑性がないわけではないし、行政活動に対する適法性コントロールの一般化という点でも完全性に欠ける部分があろう。この点、先に述べた、カイジル判決やリズュ市判決のように、行政契約を越権訴訟によって直接取消しを争うことが可能となれば、問題状況はより大幅に改革されるであろう。

以上に見てきた行政契約と越権訴訟の関係に係る最近の議論の動向は、行政訴訟類型論という視点から見ると、行政契約という行為形式の適法性コントロールの手段としての越権訴訟の手続上の進化と位置づけができる。これは、フランスの行政訴訟類型論が、本章第一節で取り上げた全面審判訴訟の拡大への指向にのみ単純化することはできず、行政作用に対する裁判的統制の強化ということから、越権訴訟の側についてもこれを発展させる形で展開していることを示している。いずれにしても、近時の行政訴訟改革の基本的な方向性は行政訴訟手続の効率化・使い易さの向上にあり、伝統的な全面審判訴訟と越権訴訟の二元性の克服が模索されつつあるが、その到達点が見えたわけではないと言えるであろう。

(100) Laferrière, Traité de la juridiction administrative et des recours contentieux, 2 éd., 1896, tome 2, p. 474 ets.

(101) 行政契約訴訟を総合的に論じる文献として、Terneyre, La responsabilité contractuelle des personnes publiques en droit administratif, 1983, p. 424 ets.; Laubadère, Moderne et Delvolvé, Traité des contrats administratifs, 1984, tome 2, p. 369 ets. 行政契約訴訟を、越権訴訟と全面審判訴訟の併存関係との関係で検討した代表的文献として、Lefoulon, Contribution à l'étude de la dintinction des contentieux, AJ 1976, pp. 369-411.

(102) 法律の邦語訳として、村上順『フランス地方分権改革法』二一頁以下がある。

(103) 制度の紹介と評価について、村上順「フランス地方分権改革における国・地方係争処理方式(上・下)」自治総研二四八号九頁以下、二四九号二九頁以下が詳細である。なお、村上は、知事ではなく地方長官と訳出しており、彼我の違いを適切に表すものと思われる。適法性統制訴訟の評価については、白藤博行「国と地方公共団体との間の紛争処理の仕組み」公法研究六二号二一〇頁注(16)も参照。

(104) なお、フランス行政訴訟において、決定前置主義が一般に妥当するため、越権訴訟と全面審判訴訟とを問わず、行政決定(予先的決定)のみを対象として訴えが提起される。したがって、行政契約は、そもそも行政訴訟一般において訴訟対象性をみたさないのであり、全面審判訴訟を提起するためにも原告は何らかの行政決定を先行させなければならない。

(105) CE 10 juillet 1996, Cayzeele, AJ 1996, p. 732 ; RFDA 1997, p. 89.

(106) 邦文文献として、原田尚彦「国の企業規制と特許企業(一)」立教法学七号七一頁以下がある。

(107) 越権訴訟において、行政契約の条項違反については、適法性に係る攻撃事由（moyen de légalité）ではないため、これを攻撃事由として主張することは原則としてできない。ただし、行政契約中の行政立法的条項（clause réglementaire）については、右条項違反から導かれる攻撃事由が、右契約違反に関係する行政決定に対する越権訴訟において主張される可能性が認められている。これは、公役務の特許契約中の条項に反する行政決定について、契約外第三者による越権訴訟で争われるという判例法として形成された。参照、原田・前掲注(106)八〇頁以下。行政契約の行政立法的条項に対して、契約外第三者が直接越権訴訟を提起する可能性が認められたことは、右の法理の発展型とも考えられよう。Cf. Chapus, DCA, pp. 666-667.

(108) Chapus, DCA, p. 179.

(109) Chapus, DCA, p. 189.

(110) CE 25 janvier 1991, Brasseur, AJ 1991, p. 351.

(111) この判例法は、越権訴訟の対象性、あるいは、適法性統制訴訟遂行の任意性といった重要論点と係わるのであるが、これらについて本書で論じることはしない。

(112) Chapus, DCA, pp. 315-318.

(113) CE 30 octobre 1998, Ville de Lisieux, RFDA 1999, p. 128 conclusion Jacques-Henri Stahl.

(114) 特に、行政契約に対する越権訴訟を認めた場合に、原告適格（契約外第三者の訴えの利益をどこまで認めるのか）という問題があり、この点で、契約関係の法的安定性と適法性の原理との間の均衡点を探るという課題があることが指摘されている。

(115) Laubadère, Moderne et Delvolvé, TCA, tome 2, pp. 1052-1054. 亘理・前掲注(42)（二）一〇一頁以下。

(116) 伊藤洋一『フランス行政訴訟の研究』二〇三頁以下は、この問題について取消判決の効力という観点から検討し、「少なくとも取消判決における違法認定が後訴たる契約訴訟において裁判所を拘束するところまでは認める見解が有力」という認識を示している。

(117) CE 1 octobre 1993, Le Yacht-Club International de Bormes-les-Mimosas, AJ 1993, p. 180.

(118) ただし、この判決は、分離し得る行為の取消しがストレートに行政契約本体の無効を導くことは否定している。
(119) CE 7 octobre 1994, Lopez, AJ 1994, p. 867. なお、本件の場合、契約訴訟は司法裁判管轄における民事訴訟となる。

三　ラファージュ判決の法理

ラファージュ判決の法理については、本書第一章第四節一においてすでに検討を加えたところである。改めて要約すると、ラファージュ判決（一九一二年五月八日のコンセイユ・デタ判決）は、公務員による交際経費支給の請求の拒否決定について、越権訴訟の提起を認めたもので、この判決を契機として、もっぱら金銭的問題を対象とする行政決定を争おうとする原告は全面審判訴訟と越権訴訟という二つの方法を選択できる、という判例法が形成された。ラファージュ判決は、越権訴訟を「通常の」訴訟たる全面審判訴訟との関係で補充的なものと位置づける考え方を克服し、全面審判訴訟で争うことが可能な行政作用についても越権訴訟を提起する可能性を拡大したものなのである。

ラファージュ判決の法理により、金銭給付又は金銭賦課に係る行政決定について、原告側が当該決定の違法性のみを攻撃事由とし、当該決定の取消しのみを請求するのであれば、越権訴訟を提起できる。原告が越権訴訟を選択すれば、弁護士強制の免除というメリットを享受できる。一方、全面審判訴訟を選択した場合と比べて、越権訴訟は出訴期間の点では不利となる。もちろん、全面審判訴訟であれば、行政決定の取消しのみではなく、例えば当該行政決定によって過剰に支払った金額の補償を請求するような訴えが可能になる。したがって、ラファージュ判決の法理による越権訴訟と全面審判訴訟の配分は、原告の攻撃事由（違法性のみを争うかどうか）と請求（取消しのみを求めるかどうか）の選択によって導かれることになる。

ラファージュ判決は、フランス行政訴訟における越権訴訟と全面審判訴訟の併存という基本構造の中で、並行訴訟の抗弁を克服し、原告に両訴訟の選択可能性を広げる法理をもたらした。その意義は現在でも変わらないが、一九八七年法による行政訴訟改革以降、ラファージュ判決の射程を縮小する方向での判例法の展開があり、これをめぐって、全面審判訴訟に対する積極的評価と、これに対応する越権訴訟に対する消極的評価、という行政訴訟類型論全体に関わる学説上の議論が生じていることも、すでに論じたところである。

第三章　行政作用の性質決定と越権訴訟の対象性
——執行作用概念をめぐって

第一節　問題の所在

フランス行政訴訟制度を特色づけるものとして越権訴訟の存在があり、日本行政法学における行政行為論に相当するものとして、フランス行政法体系の重要な構成要素を成す行政決定ないし執行的決定の概念が、越権訴訟の対象性の問題と結びつきつつ形成・展開されてきたことは、人の知るところである。本章は、越権訴訟による行政決定の適法性コントロールが、行政訴訟のもうひとつの重要な類型である全面審判訴訟、さらには、通常裁判所での民事訴訟といった他の訴訟類型といかなる相互関係の下にあると理解されているのか、という問題意識に基づきつつ、越権訴訟の対象性の問題について、行政判例法における「総合的判断手法」と「分析的判断手法」の使い分けという側面から光をあてようとする。これは、例えば、日本において取消訴訟における処分性を大幅に拡大する方向で制度改革を行った場合に、他の訴訟類型との関係で生じるであろう法的問題について、フランスにおける経験を比較法的に参照しようとする試みである。

フランスの行政決定ないし執行的決定理論については、わが国において、すでに多くの優れた比較法的研究の蓄積を見ている。(1)そして、わが国の研究者は、訴訟制度との関連で行政決定理論を理解する場合に、越権訴訟の対象性という意味での行政決定（ないし行政行為）の問題と、行政裁判と司法裁判の管轄分配問題における公権力概念あるいは公役務理論の問題とを峻別すべきであることを、つとに指摘している。[2] 一方、越権訴訟による行政決定の適法性コントロールの位置づけについて、越権訴訟による救済システムが他の行政訴訟類型（全面審判訴訟を中心とする）に対していわば「プラス・アルファ」に相当するものであって、日本の取消訴訟がその手続上の「排他性」を論じられているのとは根本的に異なる特色を持っていることも、フランスと日本が比較行政法上のモデルとして対照を成す部分として、すでに分析されている。[3] このような制度的背景を持つフランス行政法において、越権訴訟の対象性をみたす行政決定の外延を画定する場合に、行政作用の中から分析的に抽出するという基本的な思考方法を見いだすことができる。このことは、フランス行政法において、行為形式論（あるいは行為形式論に対応する議論）が、日本とは異なった形で展開されていることとも深く結びついているように思われる。

本章では、まず、行政作用から越権訴訟の対象性をみたす行政決定を抽出するという思考の淵源であり、現在でも一部の学説が議論している執行作用（opération）概念と行為（ないし決定）概念の対置という思考枠組みについて分析する。次に、右の思考枠組みを敷衍するものとして、「総合的判断手法」と「分析的判断手法」という切り口を設定し、両者の使い分けが顕在化する局面を明らかにする。最後に、以上を踏まえつつ、越権訴訟と司法裁判所での民事訴訟の関係という視点から、越権訴訟による行政決定の適法性コントロールの外延設定の問題の一側面について考察を試みる。越権訴訟は当然に行政裁判管轄に含まれるのであるから、当該行政作用が司法裁判管轄に属するという性質決定を前提にする場合に、そこに内包される行政決定の越権訴訟対象性を認めることは、解釈論上の思考方法における緊張関係がより大きなものになることが予測されるであろう。なお、越権訴訟と（行政裁判所での）全面審判訴訟の併存関係に係る実定法上の具体的論点については、本書第二章ですでに検討したので、ここでは繰り返さない。

(1) 執行的決定理論の研究として、兼子仁『行政行為の公定力の理論〔第三版〕』、近藤昭三「フランスにおける行政行為の特質」公法研究一八号一四三頁以下、亘理格「行政による契約と行政決定（一～三）」法学四七巻二号七九頁以下、同三号九一頁以下、同四八巻二号六九頁以下、多賀谷一照「フランスにおける行政立法の法理（Ⅲ）」千葉大学法学論集三巻二号四一頁以下等を参照。

(2)　亘理・前掲注(1)（二）八五頁、阿部泰隆『フランス行政訴訟論』四八頁、宮崎良夫『行政争訟と行政法学』二九二頁。

(3)　阿部・前掲注(2)六七頁以下、浜川清「行政訴訟の諸形式とその選択基準」杉村敏正編『行政救済法Ⅰ』六九頁以下。他方で、全面審判訴訟と越権訴訟は、いずれも行政決定を先行させる決定前置主義に服することも、見落としてはならない。この点について、本書第二章第二節を参照。

第二節　執行作用と行政決定

一　執行作用の用語法

本節では、行政作用を全面審判訴訟の対象という視点から捉えた場合の枠組みとして設定された、行政上の執行作用（opération）概念に関する議論の展開について、越権訴訟の対象となる行政決定概念との対比を念頭に置きつつ、整理することとしたい。

執行作用という用語は、一七九〇年八月一六・二四日法第二章一三条が、司法裁判官の権限に言及して、「いかなるやり方にしろ行政的団体の執行作用（les opérations des corps administratifs）を妨げてはならない」と規定する箇所で使用されている。(4) この法律は、大革命期に行政権と司法権の分立を定めた基本的条文のうちのひとつであり、行政と司法の作用（fonction）の分離を定めるものとして、現在でも重要な位置を占めている。(5) 右の法律で「行政の執行作用」という表現が用いられたことは、その後の判例法において行政裁判管轄の基準が設定される際に、「執行作用」の語が使われたことに一定の影響を与えたと見ることができるであろう。例えば、二〇世紀初頭において、行政裁判管轄の基準として公役務概念を導入したコンセイユ・デタの重要判決として知られるテリエ判決の論告で、政府委員ロミウ（Romieu）は、公役務作用が「その性質上行政裁判所の管轄に服すべき行政上の執行作用（opération administrative）を構成する」と述べ[6]、同様に、権限裁判所が公役務の基準を採用したものとして知られるフトリ判決の論告において、政府委員テシエ（Tessier）も、「公役務の執行作用（opérations des services publics）」から生じた損害賠償請求が行政裁判管轄に服することを述べている[7]。

右のように、行政裁判管轄の領域設定の問題に関する古典的な立法・判例において、執行作用という表現が使用されている。また、現在に至る行政判例の中に、執行作用という用語法を見いだすこともある。しかし、これらについては、積極的な意味内容を持つ法概念としてではなく、単に「活動」や「作用」という趣旨を表す通常の表現として扱われているのではないか、という見方もできるであろう。

（4）　Cf. Charles, Actes rattachables et actes détachables en droit administratif français, 1968, pp. 16-17.
（5）　この法律の意義を研究対象とする文献のうち、標準的なものとして、Sandevoir, Etudes sur le recours de pleine juridiction, 1964; Chevallier, L'élaboration historique du principe de séparation de la juridiction administrative et de l'administration active, 1970. わが国の業績として、村上順『近代行政裁判制度の研究』が、右の主題とも深く係わる本格的研究である。
（6）　CE 6 février 1903, Terrier, S 1903, p. 25.
（7）　TC 29 février 1908, Feutry, S 1908, p. 97.

二　オーリウの執行作用論

伝統的な行政法学説の中で、執行作用の概念それ自体に強い関心を向けたのは、モーリス・オーリウであった。オーリウにおいて、執行作用概念は、行政法総論体系を支える基礎概念のひとつとして扱われた[8]。オーリウの行政法学において、執行作用は、執行的決定と一対をなす法概念として設定された。そして、行政主体の権利行使の過程が執行的決定と執行作用とに二分され、前者が越権訴訟と、後者が全面審判訴訟に結び付くという構造が示されたのである。さらに、行政主体による執行作用は、公管理作用に対応するものとして、行政作用法の基本的な射程の設定の枠組みとしても用いられたのである。執行作用の概念は、オーリウ学説の影響によって、フランスの伝統的行政法学の中に取り込まれてゆく。(9)

(8)　オーリウの執行作用概念について、拙著『行政法学と行政判例』一七七頁以下、同「フランス行政法における全面審判訴訟の位置づけ(三)」国家学会雑誌一〇三巻一・二号三二頁以下、本書第二章第二節Ⅰを参照。

(9)　Cf. Appleton, Traité élémentaire du contentieux administratif, 1927, p. 36 et 122-124 ; Jèze, Les principes généraux du droit administratif, 1925, p. 60 ; Duguit, Traité de droit constitutionnel, tome 2, 1928, p. 289 ; Bonnard, Précis élémentaire de droit administratif, 1926, p. 33.

三　執行作用論の復活の試み

しかし、執行作用の概念は、その後の行政法学説において、次第に積極的な意味内容を持つ道具概念として意識されることが少なくなっていった。この傾向に対して、執行作用概念に改めて光を当てようとする幾つかの学説上の試みがなされることになる。

第二次大戦後の学説の中で、執行作用概念に着目したものとして、まずジャン・リュイリエの名前が挙げられる。リュイリエは、一九五五年に公役務学派を批判する論文を公表するが、その中で、行政裁判と司法裁判の管轄分配の準則に係る判例法の変遷は、先述の一七九〇年八月一六・二四日法に言う「執行作用」と、共和三年実月一六日法に言う「行為」という二つの法的文言（formule）を対立軸として展開してきた、という主張を行う。リュイリエは、一七九〇年法と共和三年法の相違点として、第一に、「執行作用」は、法的行為と事実作用とが多少とも混合した総体を意味する概念であって「行為」とは異なること、第二に、共和三年法は絶対的表現（審理を禁止するという言い方）であるのに、一七九〇年法では、「執行作用」を妨げる効果を持ちうる範囲内で司法裁判所の介入を禁止するという（司法裁判所による「執行作用」に対する介入の全てが排除されるわけではないという趣旨で）厳格でない表現が用いられていること、の二点を指摘する。そして、リュイリエは、ブランコ判決からテリエ判決・フトリ判決に至る判例法上の公役務概念の導入は、それ以前における「行為」概念を軸とした「権力行為」理論から、紛争の直接の原因となる「行為」ではなく紛争の対象と結びつく「執行作用」の行政的性格を考慮に入れた裁判管轄決定への転換であった、と分析する。右のように、リュイリエは、判例法上公役務概念が形成される局面において執行作用概念が一定の役割を果たしたという見解を提示したのであったが、これは、「行為」と「執行作用」という二つの法的文言の存在が裁判管轄に係る判例法の展開に影響を与えたことを指摘したという点において、注目されるものと言えよう。[10]

その後、一九六八年には、ユベール・シャルレが、「フランス行政法における一体的行為と分離し得る行為」と題する博士論文を公表した。この論文は、「行政上の執行作用の理論の研究」という副題が示すとおり、執行作用概念を再びフランス行政法学の鍵概念のひとつとして位置づけることを試みたモノグラフであった。シャルレは、行政上の執行作用について、「行政上の任務を達成するために用いられる手段（moyens）の総体」と定義した上で、[11]これが、①事実作用から契約・一方的行為といった法的行為まで広く包含するもので、目的の達成のために行われる多様な行為形式や事実作用を全体としてとらえる法概念であること、[12]②執行作用概念を立てる第一の実益は、ある執行作用に包摂される行為形式や事実作用が惹起する紛争の裁判管轄決定を容易にすることにあること、[13]③しかし、執行作用概念は、裁判管轄分配の新たな標識ではなく、その解決を容易にするための方法であること、[14]

等を指摘する。

一方、シャルレは、フランス行政法学における執行作用概念の位置づけの変遷について、次のように整理している。行政判例において、執行作用概念は、一七九〇年八月一六・二四日法以降行政権と司法権の分立を保障する役割を担い、さらに、一九世紀半ば以降に越権訴訟が確立して行政訴訟の中で越権訴訟と全面審判訴訟の区別が明確になると、行政上の執行作用概念として全面審判訴訟と結びつきつつ、越権訴訟が全面審判訴訟の領域を侵すのを防ぐ（いわゆる「並行訴訟の抗弁」）という観点から行政訴訟の区分の基準として機能するようになる。二〇世紀に入って公役務概念が裁判管轄の基準としての役割を果たすようになると、執行作用概念は、公役務による管轄の基準と混同された扱いを受ける。その後、公役務概念が動揺し始めると、新たな「管轄ブロック」を形成するために執行作用概念が再び利用される。以上のような流れを辿りつつも、行政判例法上、執行作用概念は、裁判管轄の決定の上で一貫して重要な役割を果たしている。他方、行政法学説の対応については、まず一九世紀の権力行為・管理行為二分論の下では、権力行為はその性質上行政裁判管轄であり、管理行為は法の定める場合にのみ行政裁判管轄に服すると理解されており、したがって、個々の行為の性質決定や個別法の解釈が議論の中心となり、執行作用という考え方が登場する余地が少なく、学説上の関心を呼ぶことはなかった。しかし、二〇世紀に入って行政裁判制度に対する不信が払拭され、さらに公役務理論が登場すると、執行作用概念は裁判管轄問題へのアプローチの中心として盛んに論じられた。ところが、現在の学説は、シャルレが定義したような意味で執行作用概念をとらえることがなくなり、行政訴訟論の分析にあたっての学説の関心は、執行作用ではなく「行為」概念に向けられている、と[15]。

いずれにしても、シャルレの議論の出発点は、判例法上、越権訴訟によって適法性を担保される一方的行為と並んで、合目的性（finalité）に基礎を置く執行作用概念が重要な役割を果たしていると認識し、行政法理論の基礎概念のひとつとしてこの執行作用概念を再評価しようとすることにあった。

シャルレは、以上のような認識を踏まえつつ、判例法における司法裁判と行政裁判の管轄分配の局面において、一定の目的に支配される執行行為（ないし活動）の性質決定が個々の行為形式の性質決定に優先されており、ある執行行為に含まれる法的行為・事実作用から生じる紛争は同一の適用法規と裁判管轄に服するという解釈が行われている、という見解を示す。[16] 同時に、シャルレは、執行的決定に対する越権訴訟による適法性コントロールの一般性の確保という視点も強調しており、そこでは、判例法が執行作用から「分離し得る行為」を広く認めていった結果、執行的決定が執行作用の構成要素であることを理由にして当該決定に対する越権訴訟の提起が妨げられるという問題が克服されるに至ったことが、詳細に描き出されている。[17] シャルレは、右のような「一体的行為」と「分離し得る行為」という相反する指向性をもつ概念を統合する上位概念が「執行作用」であると説明することによって、彼の博士論文全体を構成したのである。

もっとも、執行作用と分離し得る行為とは原則と例外という形で相対すると見るのが素直な理解の仕方なのであって、両者を並立させて執行作用概念で統括するというシャルレの説明は、簡単に理解し難い側面があるように思われる。[18] さらに、シャルレの定義する執行作用概念は、やや広漠に過ぎるのではないのか、という印象を受ける。しかし、オーリウを始めとする二〇世紀前期の学説が執行作用概念に積極的な意義を見いだしていたことを再評価し、行政訴訟との関連で個別の行為のみに重点を置く現在の学説の傾向から脱却しようとしたシャルレの試みは、注目に値するものと言えよう。

ここまで見てきたリュイリエ論文とシャルレ論文には、裁判管轄問題との関わりの中で、「行為」と対置される「執行作用」概念に注目するという共通点があった。他方、現在の通常の学説においても、執行作用概念の使用が見られないわけではない。次に、この点を整理して見たい。

（10）　L'Huillier, A propos de la crise de la nation de service public, D 1995, p. 119. なお、リュイリエ論文の趣旨は、いわゆる公役務学派に対する厳しい批判にある。この点については、雄川一郎「フランス行政法」同『行政の法理』七一〇頁以下を参照。
（11）　Charles, op.cit., p. 3.
（12）　Ibid., pp. 8-12.
（13）　Ibid., p. 15.
（14）　Ibid., pp. 6-8.
（15）　Ibid., pp. 15-31.
（16）　Ibid., p. 36. なお、シャルレの考え方が、エル・アミディア判決（後出）に代表される「管轄ブロック」理論に影響されていることを指摘するものとして、Cf. Mandeville, A propos du régime de retraite des marine, D 1970, p. 115.
（17）　シャルレ論文の第二章全体の主題となっている。Charles, op.cit., p. 148 ets.
（18）　シャルレ論文に対するロベールの書評が鋭く批判するところである。Robert, RDP 1968, pp. 1173-1179. 同様の趣旨の指摘は、シャルレ論文に寄せたウェイルの序文においても見られる。

四　執行作用論の現状

フランス行政法の概説書の中には、行政作用の分類論又は行政行為論を扱う場合に、執行作用概念を用いたものがある。例えば、リヴェロの概説書には、「行政の活動は……二つの方法をとる。すなわち、決定（décision）の方法と作業（opération　事実作用）の方法である。行政を行うということは、法律行為を為すことであると同時に、公益の充足が要請する物質的あるいは精神的な作業の全体を遂行することである。」「行政上の事実作用（opérations administratives）とは多種多様なものであって、あるいは決定に先行してその準備をなし……あるいは決定の執行、より広く役務の表現としてあらわれる」、という記述がある。[19] このように、執行作用概念は、法的行為と対置される事実作用を意味するものとして一般に使用されている。[20]

次に、執行作用概念を、複数の行為の連鎖から成る過程を示すものとして扱う場合がある。例えば、ローバデールは、行政行為には単一の行為と複合的行為（行政上の執行作用）の区別が存在し、執行作用を「一連の過程から成り立つ行為」と定義した上で、公用収用手続・競争入札手続・後見監督機関の関与する地方行政機関の決定等を例示している。[21] 右の文脈における執行作用概念は、「分離し得る行為」理論を論じる場合に、行政契約・選挙・租税等に関する分離される側の行政作用を指し示すものとして用いられることが多い。[22]

他方、執行作用の用語によりつつ特定の内容を持つ法概念として、「手続的作用（opération à procédure）」と「複合的執行作用（opération complexe）の理論」がある。前者は、ある決定を行うために複数の行政機関が一定の手続の下に関与した意思の合致が必要なものを示す法概念であり、[23] 元来はドイツ法に言うGesamtakt あるいはVereinbarung の概念を導入したものとされる。[24] 後者は、連続する複数の行為によって行政過程が進行する場合に、先行行為が出訴期間の徒過によって形式的に確定しても、後行行為の争訟において先行行為の違法性を主張することができる（すなわち「違法の抗弁（exception d'illégalité）」を提出できる）という行政判例法を示すものとして用いられている。[25] この両者とも、執行作用という文言は、個別行為の連鎖によるひとまとまりのプロセスを表すものとして用いられている。もっとも、前者の「手続的作用」は単一の行為を形成するのが原則であるし、後者は一種の違法性承継論に関する訴訟手続上の法技術を表現したものであって、執行作用という法概念を明確な道具概念とした例とは言えないように思われる。

（19）　リヴェロ・フランス行政法九五頁。さらに同書一八四頁も参照。

（20）　アイゼンマンは、行為概念と執行作用概念の関係について、詳細に論じている。Eisenmann, Cours de droit administratif, tome 2, 1983, p. 356 ets.

(21) Laubadère, Traité élémentaire de droit administratif, 1953, p. 167. ただし、シャルレによれば、ローバデールの用語法には、手続的作用との混同が見られるとされる。Cf. Charles, op.cit., p. 10 et 27.
(22) Chapus, DCA, p. 586 ets.
(23) Waline, Droit administratif, 1963, p. 436 ; Charles, op.cit., pp. 9-10.
(24) Hauriou, Principes de droit public, 2 éd., 1916, p. 99.
(25) Cf. Distel, La notion d'opération administrative complexe, RA 1981, p. 370 ; Chevallier, La fonction contentieuse de la théorie des opérations administratives complexes, AJ 1981, p. 331.

五　まとめ

ここまで検討したことは、次のように整理することができるであろう。フランス行政法における執行作用概念は、行為概念と対置される一方の軸として、一定の役割を担ってきた。しかし、執行作用概念それ自体については、少数の学説による問題提起は見られるものの、積極的な道具概念として確立しているとまでは言うことができない。現在のところ、行為概念と執行作用概念の対置は、判例法を分析するにあたって設定される思考方法のうちの一方を表すものに留まっている。そこで、本章では、右の思考方法の対比という形に問題を敷衍して、より具体的に考察を進めてゆくことにしたい。

第三節　総合的判断手法と分析的判断手法

行政判例法の形成あるいは行政判例の分析にあたって、行為と執行作用という対立する着眼点があるということは、フランスの行政判例法における総合的思考方法と分析的思考方法の存在へと敷衍することができるであろう。

そして、行政判例において「総合的判断手法（méthode synthétique）」と「分析的判断手法（méthode analytique）」の使い分けが見られる典型は、行政裁判と司法裁判の管轄分配と、「分離し得る行為」理論の適用においてである。以下、順に検討したい。

第一に、判例法が裁判管轄分配の基準を設定する場合に、右の「総合的判断手法」と「分析的判断手法」を使い分けていることは、多数の文献が指摘するところである。典型例として、オービイとドラゴによる『行政訴訟概論』は、判例法における裁判管轄の分配準則の整理のための最も原則的な枠組みとして、以下のように述べている。

「紛争解決のための適用法規を決定し、裁判管轄を決定するために、判例法は、場合により二つの判断手法を使い分けている。まず、判例は、紛争に係る行為（acte）あるいは法的状態（situation juridique）を考慮することによって裁判管轄を判定することがある。他方で、判例法は、もっぱら行為あるいは法的状態が結合している活動（activité）を考慮することもある。この二つの判断手法のうち、前者を分析的判断手法、後者を総合的判断手法と呼ぶこととする。[26]」

右の二つの判断手法の使い分けは、一般に、法的行為の有効性・内容・射程・法的効力に係る紛争の管轄決定については「分析的判断手法」が[27]、行政賠償責任に係る管轄決定については「総合的判断手法」が[28]、それぞれ用いられる。しかし、このような単純な図式が成り立たず、逆の方向性をもった二つの判断手法の適用関係の対立が問題になることがある。その典型は、判例法が「管轄ブロック（bloc de compétence）」の考え方をとる場合である。「管轄ブロック」とは、同一の行政作用の領域の中で裁判管轄が細分化されることを避けるために、裁判管轄の決定にあたって個々の行為の性質決定を捨象し、当該領域全体をひとつの裁判管轄に委ねるという法理である。「管轄ブロック」が成立するのは、立法による場合と判例法による場合がある。まず、立法によって、ある行政作用の領域に係る裁判管轄が定められている場合があり、例として、公土木作用について行政裁判管轄が、間接税作用について司法裁判管轄が、それぞれブロックを形成している。また、判例法によって、特定の行政作用の領域を司法裁判管轄として扱う場合があり、私法関係の理論の適用領域・商工業的公役務の領域・私産管理の領域等につき司法裁判管轄のブロックが認められることがある。[29]この「管轄ブロック」が「総合的判断手法」に基づいているのは明らかであるが、「管轄ブロック」の考え方を一貫することができず、「管轄ブロック」の結果一括して司法又は行政裁判管轄に服する行政作用の領域の中の構成要素たる行為形式に関して別系統の裁判所のコントロールを及ぼす必要がある、と考えられる場合に、改めて「分析的判断手法」との調整が生じる。さらに、右の二つの判断手法の区別自体が相対的であることにも注意が必要である。例えば、行政「行為」の対象が「私法関係」であるものについて司法裁判管轄のブロックが成立するという場合に、「管轄ブロック」という意味で「総合的判断手法」と見ることもできるが、「行為」に着目しているという意味で「分析的判断手法」と見る可能性もある。[30]

第二に、判例法上「分離し得る行為」の理論が適用される場合にも、「総合的判断手法」と「分析的判断手法」の使い分けが典型的に現れる。[31]「分離し得る行為」理論の代表的な適用例は、行政の締結する契約（行政契約又は私法上の契約）、公用収用、行政上の選挙、課税手続等の行政作用から「分離し得る」性格の行政決定（一方的行為）を抽出し、右決定に対して越権訴訟による適法性コントロールを可能にするという局面である。右の局面は、民事訴訟あるいは全面審判訴訟との関係で越権訴訟の占める位置づけ、あるいは、越権訴訟の対象性という行政訴訟理論上の重要な論点を構成しており、わが国における行政法研究者の比較法上の関心ももっぱらこの点に向けられてきた。[32]しかし、フランスの行政判例において「分離し得る行為」の抽出が問題になるのは、右に述べた越権訴訟の対象性に関する局面に限られるものではない。例えば、行政賠償責任（＝行政裁判管轄）と公務員の個人的過失（＝司法裁判管轄）の関係、[33]公土木の領域における営造物の作用（＝行政裁判管轄）と公用収用上の作用（＝司法裁判管轄）の関係[34]、同じく公土木における営造物の作用（＝無過失責任）と役務運営上のフォートの関係[35]、裁判手続に係る作用から分離される措置[36]などについて、「分離の可能性」あるいは「一体化の可能性」という角度から議論されている。また、いわゆる「統治行為（actes de gouvernement）」論において、外交活動等からの「分離し得る行為」という重要論点もある[37]。このように、判例法において用いられる「分離し得る行為」は、それ自体が明確な内容を持った法概念ではなく、判例法上の方法論ないし判例政策上のテクニックと言うべきものであって、この意味で「総合的判断手法」と「分析的判断手法」の使い分けそのものを表現しているとも見ることができよう[38]。

「総合的判断手法」と「分析的判断手法」の使い分けは、以上のような適用場面において顕在化するのであるが、いずれにしても当該行政作用を争う訴訟類型の問題（司法裁判・行政裁判の分配の問題も含む）と密接に係わっていると言える。そして、二つの判断手法は当然に正反対の志向を持つのであるから、使い分けにあたって生じる矛盾の処理が問題になる。これは、行政作用を一連のプロセスとして捉える場合と、そのプロセスを構成する個々の行為に着目する場合の矛盾の扱い方の問題と重なるし、さらには、「執行作用」概念と「行為」概念の対置の問題と言い換えることも可能であろう[39]。「総合的判断手法」と「分析的判断手法」の関係については、行政裁判官が判例政策を具体化するにあたっての道具ないし方法の問題であることから、論理的な矛盾とは本質的に別次元のものであるという指摘もなされている[40]。しかし、裁判官の思考方法の問題であるとしても、両者の使い分けが具体的に問題となる局面が存在する以上、そこで生じるであろう矛盾を整合的に解決することが要請されるであろう。以下では、右の具体的論点について、検討を進めることとしたい。

(26)　Auby et Drago, TCA tome 1, p. 415.
(27)　Ibid., p. 416.
(28)　Ibid., p. 426.

(29) Ibid., pp. 430-431; Charles, op.cit., p. 89. なお、シャルレは、立法による管轄ブロックについて、これらに共通する判例の傾向（管轄を定める法令を解釈する場合の特色）を検討している。Ibid., pp. 38-54.
(30) Auby et Drago, TCA tome 1, p. 415 et 421-422.
(31) Colliard, La notion d'acte détachable et son rôle dans la jurisprudence du Conseil d'Etat, Mél. Mestre, 1956, p. 115.
(32) 亘理・前掲注(1)はその典型である。
(33) Colliard, op.cit., pp. 123-133.
(34) Charles, op.cit., pp. 90-94. 小幡純子「フランスにおける公土木の損害(一)」国家学会雑誌一〇一巻四号一一四頁以下。
(35) Colliard, op.cit., p. 133 ets. 小幡「フランスにおける公土木の損害(三)」国家学会雑誌一〇一巻六号一〇一頁以下。
(36) Chapus, DAG, pp. 896-898.
(37) Colliard, op.cit., pp. 122-123; Chapus, DAG, pp. 878-881.
(38) Colliard, op.cit., pp. 115-116; Charles, op.cit., p. 30.
(39) Auby et Drago, TCA tome 1, pp. 537-538.
(40) Colliard, op.cit., p. 116.

第四節　管轄ブロック理論と越権訴訟による適法性審査の可否

一　はじめに

ここまでの検討から、「執行作用」と「行為」、あるいは「総合的判断手法」と「分析的判断手法」の対置は、当該行政作用を裁判手続に乗せて争う場合の訴訟類型論（管轄問題を含む）と関連しつつ、判例分析を主体とするフランス行政法学の中で議論が展開されてきたことが示せたものと思う。

行政訴訟類型論については、すでに本書第二章で主題としたところであるので、以下では、もっぱら司法裁判と行政裁判の関係に視点を置きつつ、ある行政作用が「総合的判断手法」ないし「執行作用」概念によれば司法裁判管轄に服すると性質決定された場合において、当該行政作用に含まれる行政決定に対する裁判的コントロールがどのように扱われるのか、という問題について検討したい。右の問題状況は、より具体的には、「管轄ブロック」理論の適用によってある行政作用が司法裁判管轄に服する場合に、そこに包含される行政決定を争う手続について、越権訴訟による適法性審査という形をとるのか、先決問題（question préalable）として行政裁判所に移送されるに留まるのか、[41]という解釈問題となる。すなわち、ある行政作用が行政過程全体に着目して司法裁判管轄とされた場合に、当該行政過程を構成する個々の行政決定の適法性コントロールを、越権訴訟という形で行うことができるのか、という問題が設定される。なお、「管轄ブロック」理論については、立法による場合と判例法による場合があるが、立法によるものは個別法の解釈問題に還元されるので、本節では、判例法によるものに焦点を合わせることとしたい。

(41)　この場合、通常は「適法性審査訴訟（recours en appréciation de légalité）」という形になる。適法性審査訴訟については、兼子仁「フランス行政法における先決問題」都立大学法学会雑誌三巻一・二号一八三頁以下、同『現代フランス行政法』七三頁以下、遠藤博也『行政行為の無効と取消』二四四頁以下等を参照。

二　「私法関係＝管轄ブロック」理論

「私法関係＝管轄ブロック」理論とは、ある行為の対象（objet）が私法関係と考えられる場合に、当該行為に係る紛争の裁判管轄を一括して司法裁判とするものである（ただし、当該行為が行政立法的性格の場合、及び、当該行為固有の瑕疵を争う場合については、行政裁判管轄が留保される）[42]。したがって、「私法関係＝管轄ブロック」理論の適用領域に包含される行為については、その主体あるいは形式にかかわらず「私法行為（acte privé）」と性質決定されて行政裁判管轄が否定され、その適法性コントロールについては、越権訴訟は排除されて、先決問題として司法裁判所から行政裁判所に移送される可能性のみが残ることになる。[43] 右のように、これは、「総合的判断手法」に基づく「管轄ブロック」を純粋な形で徹底する試みであると言えよう。

判例法上、「私法関係＝管轄ブロック」理論が形成されたのは、一九五〇年代前半である。行政判例は、一九五〇年代初めから、社会保障行政の分野を中心に一定の領域について、紛争の対象となる法律関係が私法関係であることを根拠として行政裁判管轄を否定するようになる。[44] この傾向を受け継ぎつつ「私法関係＝管轄ブロック」理論を明確に提示したのは、コンセイユ・デタの一九五四年二月五日判決（エル・アミディア協会事件[45]）と、一九五五年七月六日判決（バイヨン事件[46]）であったとされる。エル・アミディア判決は、知事がエル・アミディア協会について同県の家族手当保障基金への職権による加入決定を行ったのに対して、右協会が取消しを求めた越権訴訟について、家族手当の受給関係が私法関係であるとして行政裁判管轄を否定したものである。バイヨン判決の概要は、次のようなものである。バイヨン氏は、自らの所有する建物の一室をある市に賃貸していたが、一定の期日をもって賃貸借契約を解除する通告をした。これに対して、県不動産事業委員会は、右契約解除に最大限一年の猶予を与えることを命じる決定を行った。バイヨン氏は、右決定の取消しを求める越権訴訟を提起したのであるが、コンセイユ・デタは、右決定は行政主体と賃貸人の私法関係にのみ関わるものであって、行政裁判所は司法裁判の先決問題としてのみ右決定を審査することができると述べて、自らの裁判管轄を否定したのである。

この両判決には、いずれも政府委員モセ（Mosset）の論告が付されている。モセは、エル・アミディア判決の論告において、当該行為の法的性質を分析することによって裁判管轄を決定するという手法は複雑になりすぎ、その結果、訴訟当事者にとっては基準としての明確性を欠き、裁判官にとっても合理的な管轄分配を導き得なくなっていることを指摘する。そして、モセは、エル・アミディア判決が、右の分析的な判断手法を放棄し、総合化の理念を用いることによってより明確で単純な新しい管轄配分基準を生み出す第一歩となり得ると主張する。[47]また、モセは、バイヨン判決の論告においても、生じ得るあらゆる紛争について実体法（行為の対象となる法律関係――筆者注）の裁判官の広い管轄を認め、管轄分配の基準として行政権や公権力特権の要素の介在を否定するのが、新たな判例の動向であることを強調している。[48]

しかし、この「私法関係＝管轄ブロック」理論は、一九五〇年代半ばを過ぎると、判例・学説において急速に支持を失う。まず、権限裁判所が、コンセイユ・デタによる右理論の援用に対して一定の歯止めをかける傾向を示した。[49]また、学説も、右理論に対して、私法関係と公法関係の境界のあいまいさ等の内在的批判や、[50]少なくとも個別的行政決定（非行政立法的決定）についてそれが私法関係に結合される場合には越権訴訟による適法性コントロールが一切排除されてしまうという、右理論のもたらす帰結に対する批判を展開した。[51]そして、これらの批判は、「私法関係＝管轄ブロック」理論の射程を制限し、行政決定に対する越権訴訟による適法性コントロールの可能性を再び拡張するモメントとなったのである。その後の行政判例法は、「私法関係＝管轄ブロック」理論の適用領域において、当初から例外とされていた行政立法的決定に加えて、後見監督に係る行為等について越権訴訟の受理を認める例外を広げてゆく。そして、右理論そのものの転換を決定づけた判決として理解されているのが、コンセイユ・デタの一九六七年七月一三日判決（アレグレット事件[52]）である。

アレグレット判決の概要は、以下の如くである。ある県の港湾局主任技師が、港湾荷役人（docker）に対して、在職期間の不足を理由として職業証明書の更新を拒絶する決定を行った。更新を拒絶されたアレグレット氏は、右決定の取消しを求める越権訴訟をモンペリエ地方行政裁判所に提起した。同裁判所が右訴えについて管轄がないことを宣言したので、アレグレット氏は、コンセイユ・デタに上訴した。本件と類似の事例については、コンセイユ・デタの一九五三年一月二三日判決（アヴァロン事件）が、港湾荷役人の職業証明書交付拒否決定に対する越権訴訟について、右決定は「私法上の賃金を支払われている港湾荷役人とその雇用主の間の関係と結合する」ものであるとして、行政裁判管轄を否定していた[53]。そして、このアヴァロン判決は、エル・アミディア判決に先行して「私法関係＝管轄ブロック」理論に立つものと理解されていた[54]。しかし、アレグレト判決において、コンセイユ・デタは、先のアヴァロン判決を変更して、職業証明書の交付あるいは拒絶の決定を、港湾を所管する行政機関がその行政的公役務の遂行として行うものであると捉えて、行政裁判管轄に服する行政決定と解釈したのである。

アレグレト判決における政府委員ガラベール（Galabert）の論告は、「私法関係＝管轄ブロック」理論の射程を限定的に解釈すべきことを明確に主張するものであった。ガラベールは、管轄分配を単純化し、司法裁判官による紛争解決が望ましいと思われる領域（社会保障行政など）に司法裁判管轄のブロックを形成するという意図の下で、行為に関する度を過ぎた厳密な分析をやめ、行政決定の私法関係からの分離を容易に認めないという考え方そのものについては、正当なものとして評価する。しかし、ガラベールは、判例法の現状について、「管轄ブロック」創設の試みが現実には失敗し、越権訴訟によるコントロールが可能な例外が多数認められた結果、「管轄ブロック」理論が逆に管轄分配の基準を複雑なものにしてしまっていることを鋭く指摘する。その上で、ガラベールは、「私法関係＝管轄ブロック」理論の射程を、行政決定の適法性と（行為の対象となる）私法関係の評価との間に「厳密な結合関係」が存在する例外的な場合に限定すべきことを主張している。このように、ガラベールの見解は、エル・アミディア判決やバイヨン判決を完全に否定するものではないが、「総合的判断手法」の貫徹を志向した「私法関係＝管轄ブロック」理論を、「分析的判断手法」の例外としてのみ認められるにすぎないという形に転換させるもので、結局のところ、二つの判断手法のバランスという従来の姿への回帰を思わせるものと言える。

現在では、「私法関係＝管轄ブロック」理論は、本来の意図を達することなく多くの例外を持ち、例えば、オダンは、「裁判管轄の単純化の試みは、結局のところ問題を複雑化させ」、この理論は「魅力的ではあるが将来性はない」と厳しく指摘し、エル・アミディア判決についても「恐らくは決定的に放棄された」と述べている。[55]このことは、行政決定（一方的行為）に対する越権訴訟の適法性コントロールをある行政作用の領域について一括して排除することが、判例・学説の支持を得られず、結局のところ「管轄ブロック」の中に越権訴訟の対象性を満たすような「さけめ（fissures）」を生み出すに至ったことを意味している。そこには、越権訴訟による行政決定の適法性審査の一般性の維持というモメントに加えて、司法裁判所には行政決定の含む公権力性や決定を行った機関の行政的性格に対する配慮があるため、行政決定に関する十分なコントロールを行うことが難しいという、機能論的なモメントの存在が指摘されていることも忘れてはならない。[56]

越権訴訟による行政決定の適法性コントロールの有用性への考慮は、「総合的判断手法」を優先させる「私法関係＝管轄ブロック」理論形成の試みを挫折させ、「分析的判断手法」とのバランスを回復させることとなった。ただし、ここでも、「分析的判断手法」の方を徹底して越権訴訟による行政決定の適法性審査の完全な一般化が達成されたわけではなく、「総合的判断手法」が完全に否定されたわけでもない。[57]また、前記のアレグレト判決でも、当該行為を行政的なものと性質決定するについて「行政的公役務との結合」を基準としているのであるから、「総合的判断手法」を逆方向に適用したものという説明もあり得よう。[58]いずれにしても、「私法関係＝管轄ブロック」理論の形成と衰退という行政判例法の展開過程は、現実の訴訟制度を前提とする以上、異なる二つの判断手法の均衡というモメントが常に内在しており、一元的処理を行うことが本質的に困難であることを示していると言えよう。

(42)　Auby et Drago, TCA tome 1, p. 421 ; Charles, op.cit., p. 203.「管轄ブロック」理論を紹介する研究として、磯部哲「フランス行政法における社会的公役務概念（下）」自治研究七五巻五号九二頁以下がある。

(43) Lamarque, La décision administrative de droit privé, Mél. Stassionpoulos, 1974, p. 297 ets. ラマルクは、私法関係を対象とする行政決定（形式的には行政行為であるが実体上私法関係と関連するもの）について、「私法上の行政決定」という概念を設定して分析を加えている。

(44) CE 27 juillet 1951, Caisse mutuelle d'allocations familiales agricoles de la Loire-inférieure, L 438 ; CE 12 décembre 1952, Martin, L 579. これらの傾向について、Cf. Laubadère, La notion et le régime juridique des services publics sociaux en droit administratif français, D 1959, p. 494 ets.

(45) CE 5 février 1954, El Hamidia, L 77. エル・アミディア判決については、神谷昭『フランス行政法の研究』二二〇頁以下、今関源成「公役務理論の変遷」早稲田法学五九巻一・二・三号六六頁、磯部・前掲注(42)九五頁以下等を参照。

(46) CE 6 juillet 1955, Bayens, L 389.

(47) JCP 1954. 2. 8136.

(48) L 392.

(49) TC 10 décembre 1956, Audouin, L 595 ; TC 6 juillet 1957, Lasry, L 817. 権限裁判所がコンセイユ・デタのエル・アミディア判決の示した「管轄ブロック」理論を支持していないという点については、後者の判決（ラスリ判決）に付されたガラニョン（Garagnon）の評釈が詳細な分析を行っている。D 1958, pp. 296-299.

(50) Vedel, JCP 1954. 2. 7916. 右のヴデルの見解は、前出注(49)の権限裁判所判決（オドゥアン判決）に対する評釈の中で展開されている。

(51) Charles, op.cit., p. 202.

(52) CE 13 juillet 1967, Allegretto, L 314.

(53) CE 23 janvier 1953, Avallon, L 33.

(54) 港湾荷役人の職業証明書の交付決定、あるいは港湾荷役人に対する労働保険基金の支給を巡って、損害賠償又は決定取消しを求める行政訴訟が幾つか提起されていたが、コンセイユ・デタは、「私法関係」理論を用いて行政裁判管轄を否定するという姿勢を示していた。これらの判例については、代理（substitution）理論、すなわち、行政主体が私人の名義で行動する場合には行政裁判管轄に服さないという考え方に依ったものとして説明されることもある。Cf. Auby et Drago, TCA tome 1, pp.

421-422 ; Massot et Dewost, AJ 1967, pp. 534-536.

(55) Odent, Contentieux administratif, 1976-1982, pp. 504-505. モデルンは、「私法関係＝管轄ブロック」理論について、①「私法関係」概念が内容の特定が困難な希薄な概念であり、権限裁判所やコンセイユ・デタの判決においても説明の便宜上の表現にとどまっていること、②右理論によって管轄を割り当てられる民事裁判所自体が、管轄の受入れに積極的ではないこと、③アレグレト判決のガラベール論告のように、コンセイユ・デタの姿勢にも動揺が見られること、の三点を指摘する。Moderne, Nouvelles difficultés pour la notion de rapports de droit privé comme critère de compétence judiciaire, AJ 1970, p. 523. また、マンドゥヴィルは、「私法関係＝管轄ブロック」理論に対する批判として、右理論は「危険」で「実益を欠き」、「経験主義的」で「一面的」であるとされていることを述べる。Mandeville, op.cit., pp. 118-120.

(56) Charles, op.cit., pp. 206-207 ; Rainaud, La distinction de l'acte réglementaire et de l'acte individuel, 1966, p. 46.

(57) Auby et Drago, TCA tome 1, p. 432 ; Mandeville, op.cit.,pp. 117-118.

(58) Delvolvé, L'acte administratif, 1983, pp. 45-51.

三　商工業的公役務

商工業的公役務に関する行政作用についても、一定の範囲で、司法裁判所の「管轄ブロック」の形成を見ることができる[59]。この点につき、判例法が商工業的公役務の概念を導入したリーディング・ケースとして知られる一九二一年一月二二日の権限裁判所判決（エロカ渡船判決）において[60]、「管轄ブロック」の考え方が含まれていたという指摘もある[61]。しかし、商工業的公役務の領域については、商工業的公役務概念それ自体に論争があり、裁判管轄分配の基準も錯綜しているため、問題状況はやや複雑な様相を呈する。

判例法上、商工業的公役務の領域で「管轄ブロック」形成が明確に確立されていると言えるのは、商工業的公役務を遂行する事業者とその役務の利用者との関係についてである[62]。商工業的公役務概念の導入期におけるエロカ渡船判決、あるいは、コンセイユ・デタの一九三二年一月二九日判決（クーン事件[63]）は、いずれも事業者と利用者の間の損害賠償請求について司法裁判管轄を認めたものであった[64]。さらに、判例法は、商工業的公役務の事業者と利用者の法的関係が契約による場合に、これを私法上の契約と性質決定して司法裁判管轄に服せしめるという展開を示した。同時に、判例法は、商工業的公役務に係る行政決定についても、これを司法裁判管轄として越権訴訟による適法性コントロールを排除する態度をとるのであるが、そこで根拠とされたのは、役務と利用者の関係が私法上の契約によるということであった。リーディング・ケースとされるコンセイユ・デタの一九五七年一二月一八日判決では、公営の上水道の配管の許可申請を拒絶した市長の決定に対して提起された越権訴訟につき、右の拒否決定の根拠となった給水協定（convention）を私法上の契約と性質決定した上で、本件紛争は右契約の対象となる役務の利用者の権利確定に関するものであるとして、行政裁判管轄を否定した（先決問題の可能性については留保されている[65]）。

しかし、役務の事業者と利用者の間の法的関係が私法上の契約であることを根拠として司法裁判管轄を認める判例法は、①利用者が契約と無関係である場合、②契約中に普通法外条項が含まれるために行政契約と性質決定される場合、について適用不可能であるという意味で、商工業的公役務とその利用者の法的関係につき「管轄ブロック」を形成するまでには至らなかった[66]。判例法は、一九六一年になって、右の二つの論点について転換を示す。まず、右①の点について、一九六一年四月二一日のコンセイユ・デタ判決（アニュジ事件）は、公営上水道の給水の許可申請に対する市長の黙示の拒否決定の取消しを求める越権訴訟の提起について、商工業的公役務とその利用者の関係は私法上のものであるとして行政裁判管轄を否定した[67]。コンセイユ・デタは、商工業的公役務たる公営事業につき当該役務の利用申請を拒絶する行政機関の決定について、元来は越権訴訟の提起を認めてきたのであるが[68]、アニュジ判決は、右のような紛争は司法裁判管轄に服するのであり、決定に対する越権訴訟の統制が及び得ないことを明らかにした。そして、アニュジ判決が示した法理は、以降の判例によって受け継がれ、商工業的公役務とその利用者の法的関係が司法上のものである場合について司法裁判所の「管轄ブロック」が成立し、そこに含まれる個別的行政決定（非行政立法的決定）について越権訴訟の適法性審査が排除されるという準則が生まれたのである。[69]現在では、商工業的公役務たる公営事業又は特許事業に関して、その役務の利用方法（使用料金、利用のための施設・設備の設置、給付内容等）につき利用者（利用申請者を含む）に対して行われる個別的行政決定は、私法上の行為として司法裁判管轄に服するとされる。[70]このように、商工業的公役務における事業者と利用者の関係に係る個別的行政決定は、越権訴訟による適法性コントロールが排除されるのであり、そこには、「総合的判断手法」の優位による「管轄ブロック」を見いだすことができるのである。

次に、上記②の点についても、一九六一年一〇月二三日のコンセイユ・デタ判決が、商工業的公役務とその利用者の契約については、そこに普通法外的条項が含まれていても私法上の契約と性質決定されて司法裁判管轄に服する、という法理を示した。[71]これは、契約という行為形式に関わるので、越権訴訟の提起可能性の問題は生じないのであるが、商工業的公役務に関する「管轄ブロック」を強化するものと考えられている。[72]

しかし、商工業的公役務の領域における裁判管轄決定の準則は単一ではなく、「管轄ブロック」が成立せず、右領域に含まれる行為について行政裁判所の審査が認められる場合も多く存在する。[73]まず、判例法上、商工業的公役務の創設・組織・統制に関して行われる行政機関の行為は、公法上のものとして行政裁判管轄に服する。[74]したがって、右に係る行政決定に対する越権訴訟も、当然に受理されることになる。[75]また、商工業的公役務の執行に係る行為については、原則として私法上の行為と性質決定されるが、行政裁判管轄に服する例外も認められている。[76]このように、商工業的公役務に係る紛争の局面によっては「管轄ブロック」がそもそも成立しないことに加えて、商工業的公役務に関する行政立法的決定は常に越権訴訟による適法性審査が可能であるし、この領域で広く用いられている私法上の契約についても、そこから「分離し得る行為」であれば越権訴訟の対象性を満たすことになる。[77]以上から、商工業的公役務と結合している行政決定に対する越権訴訟による適法性コントロールの道はかなり広く開けており、「管轄ブロック」理論の適用範囲は相対的に狭いものであると言えるであろう。

(59) Charles, op.cit., pp. 80-81 ; Rainaud, op.cit., p. 47.
(60) TC 22 janvier 1921, Société commerciale de l'Ouest africain, D 1922, p. 1.
(61) Charles, op.cit., p. 204.
(62) Odent, op.cit., pp. 680-682 ; Auby et Drago, TCA tome 1, pp. 549-552.
(63) CE 29 janvier 1932, Kuhn, S. 1932, p. 97.
(64) 滝沢正「フランス法における行政契約(三)」法学協会雑誌九五巻六号四頁以下。
(65) CE 18 décembre 1957, Commune de Golbey, L 686.
(66) Auby et Drago, TCA tome 1, p. 549.
(67) CE 21 avril 1961, Agnesi, D 1962, p. 535.
(68) CE 6 mai 1931, Tondut, L 477.
(69) Odent, op.cit., pp. 680-681 ; Auby et Drago, TCA tome 1, p. 552 et 559. シャルレは、この準則について、執行作用理論の発展によって越権訴訟が後退した例として挙げる。Charles, op.cit., p. 203.
(70) Auby et Drago, TCA tome 1, p. 551.
(71) CE 23 octobre 1961, Campanon-Roy, L 597. 滝沢・前掲注(64)八頁以下。
(72) 商工業的公役務の利用者に関する「管轄ブロック」理論の分析として、Cf. Moderne, op.cit. ただし、右のモデルン論文は、もっぱら損害賠償請求に係る管轄問題を対象としており、本章の分析とは観点を異にする。
(73) 今関・前掲注(45)六二頁以下。
(74) Venézia, Puissance publique, puissance privée, Mél. Eisenmmann, 1975, pp. 364-366 ; Auby et Drago, TCA tome 1, pp. 554-557.
(75) 例えば、商工業的公役務に係る特許事業者とその利用(申請)者との紛争について、利用者の側が、特許契約の内容が遵守されていないことを根拠に、行政機関が特許事業者に対する監督義務を尽くしていないことを争う場合には、越権訴訟の提起が可能となる。ただし、利用者が特許事業者を相手に争う場合には、司法裁判管轄に服すこととなり、その際の特許契約の解釈に関する問題は先決問題として行政裁判所に移送される。Cf. Auby et Drago, TCA tome 1, p. 552.

(76) Auby et Drago, TCA tome 1, pp. 558-559.

(77) Charles, op.cit., p. 80 et 170.

四　私産管理

私産（domaine privé）管理に関する行政作用は、テリエ判決におけるロミウの論告以来、私管理（いわゆる「公役務の私管理」）の典型とされており、原則として司法裁判管轄に服する。[78] この点について、判例法上の準則は、およそ以下のように整理できる。まず、私産管理に係る事実行為から生じる損害賠償請求は、一般に司法裁判管轄に服する。[79] 次に、私産管理に係る契約の訴訟については、通常は私法上の契約として司法裁判管轄に服するが、普通法外条項が含まれている場合には行政契約と性質決定されて行政裁判の対象となる。[80] 私産管理に係る行政決定（一方的行為）については、当該私産管理と分離できない性格のものについては私法上の行為として司法裁判管轄に服するが、一定の場合には「私産管理（私産の管理に固有の執行作用）から分離し得る行為」として行政裁判（とくに越権訴訟）のコントロールが及ぶ。[81] この点、私産管理は契約という行為形式で実施されることが多いので、私産管理に係る私法上の契約から「分離し得る行為」の抽出が中心的な問題となる。[82] 以上のように、私産管理に係る行政作用について、損害賠償請求訴訟については「総合的判断手法」によって私産管理の活動（activité）に着目して司法裁判管轄となるのに対して、それ以外の場合には、「分析的判断手法」によって行為に着目した上で、管轄問題も含めて訴訟類型の振り分けの問題が生じる可能性がある。

ここで、「私産管理から分離し得る行為」に関する判例法を概観すると、まず、行政立法的決定については、常に分離可能な公法上の行為と性質決定され、越権訴訟の対象性が肯定される。[83] これに対して、個別的行政決定（非行政立法的決定）については、原則として私法上の行為として越権訴訟の対象から排除されるが、例外的な場合にのみ私産管理から分離されて行政裁判所における適法性審査に服する。[84] 具体的には、行政立法のカテゴリーには含まれないけれども一般的射程を持つ行政決定（後見監督機関が監督下にある特殊法人に対して現行の規則が効力を有することの確認を拒絶する決定[85]、県知事が住宅公団管理下にある低廉家賃住宅全体につき家賃引上げを定める決定等[86]）に対する越権訴訟、市庁舎の一部を特定の組合に自由使用させることの許可・不許可に関する市長の決定について平等原則違反等による取消しを求めた越権訴訟[87]、私産に含まれる土地・建物の譲渡・売買に関する市長（又は市議会）の決定の取消しを求めた越権訴訟[88]などが認められている。行政判例法は、右のような個別的行政決定について、公法上の行為と解釈しているのである。

さらに、判例は、私産管理に係る個別的行政決定について、財産の管理作用から独立した行政的公役務の執行であるという根拠により、行政裁判管轄に服する行為と性質決定する場合がある（典型は、森林の火災予防に関する決定、私産の地籍調査に関する決定等）。この判例法は、問題となる行政作用を最初から私産管理と切り離して理解しようとするものであり、前述の「私産管理から分離し得る行為」理論とは異なるものと解釈されてきた。[89] しかし、公役務の執行作用として私産管理と区別される行為と、私産管理の執行作用との関係について、両者の区別が困難な場合のあることが指摘されていた。[90] 右の論点に関する重要判例とされるのが、一九七五年五月三日のコンセイユ・デタ判決（クリエル事件[91]）である。これは、国有林の伐採許可を与える農業大臣の決定について、森林保護という行政的性格の公役務の執行と結合するとして、私管理の執行作用から分離し得る行政決定であることを認めた上で越権訴訟の提起を認めた事例である。このクリエル判決については、判決文中に「分離し得る」という文言が用いられてはいるが、私産管理に係る行政決定それ自体について私産管理との結びつきを否定し、正面から公役務作用として越権訴訟による審査を認める傾向を示すものとして解釈する論者もある。[92] クリエル判決は、「私産管理から分離し得る行為」理論の枠組みでも捉えることが可能な境界線上のケースについて、より直截に行政的公役務作用として越権訴訟の対象性を肯定したものとして理解することが可能なように思われる。

　私産管理に係る行政作用については、原則として「総合的判断手法」により当該行政作用の全体が司法裁判管轄に服する一方、例外的に「分析的判断手法」により公法上の行為が導かれるというパターンが保たれている。しかし、右の原則と例外の関係は動揺しつつあり、例えば、デルヴォルヴェは、現在の判例法について、私産に関する行政機関の決定について行政裁判に服する行政行為と解釈する傾向にあり、私産管理に係る行政決定の全部について越権訴訟の対象性を認めることこそが、管轄問題を単純化し、正当な裁判を受けることを妨げている「有害な複雑さ」を取り除くために有効である、と述べる(93)。ここでも、「分析的判断手法」の優先によってむしろ裁判管轄を単純化させるべきという、従前の原則と例外を逆転させた議論の方向性を見ることができるのである。

(78) Cf. Auby, Contribution à l'étude du domaine privé de l'administration, EDCD 1958, p. 35 ets.; Odent, op.cit., p. 506.
(79) Auby et Drago, TCA tome 1, p. 588; Charles, op.cit., pp. 84-85.
(80) Charles, op.cit., pp. 74-75. 滝沢・前掲注(64)一四頁以下。
(81) Odent, op.cit., pp. 508-513. オダンは、私産管理を対象とする行政作用に係る紛争において、例外的に行政裁判管轄に服するカテゴリーとして、次の四つを挙げている。①公土木の損害とみなされる場合、②私産管理に固有の管理作用から分離し得る行為である場合、③国有財産の売却に関する訴訟（共和八年雨月二六日法による）、④公有財産の分配に関する訴訟（一九七三年六月一〇日法及び共和七年風月九日法による）。
(82) Auby et Drago, TCA tome 1, p. 600.
(83) Auby et Drago, TCA tome 1, p. 596; Charles, op.cit., p. 64.
(84) Auby et Drago, TCA tome 1, p. 597; Chapus, DAG, pp. 492-495.
(85) CE 13 mai 1938, Association amicale des locations de l'office public des habitations à bon marché de Con-

statine, L 419.

(86) CE 30 mai 1947, Sussel et Bille, L 236.

(87) CE 15 octobre 1969, Association Caen-Demain, L 435.

(88) CE 17 octobre 1980, Gaillard, L 379 ; CE 17 novembre 1976, Leduc-Moranval, L 487.

(89) Auby et Drago, TCA tome 1, pp. 586-587.

(90) Charles, op.cit., p. 64.

(91) CE 3 mars 1975, Courrière, L 165.

(92) Franc et Boyon, AJ 1975, p. 233.

(93) Delvolvé, D 1983, p. 273.

第五節　おわりに

ある行政決定は、それを包含する行政作用に係る法律関係が私法上のものであったり、商工業的公役務・私産管理である場合には、越権訴訟の対象性をみたすとは必ずしも言えない。この意味で、ある行政過程（執行作用）を全体として捉えた場合の性質決定と、その構成要素となっている行政決定（行為）の適法性コントロールの間には、一定の緊張関係がある。これを訴訟手続的に見れば、行政決定を直截に争う越権訴訟と、執行作用に係る訴えの先決問題（適法性審査訴訟）との振り分けの問題ということになる。右の緊張関係を解決するために、フランスの行政判例法は、越権訴訟による適法性審査の一般性の維持というモメントを重視しつつ、執行作用から行政決定を抽出することを再び拡大したのである。これによって、訴訟制度の二元性に由来する右の緊張関係が解消されるわけではないが、判例法の柔軟な対応によって、越権訴訟の対象性の議論と行政決定の概念が密接に結合して論じられるというフランス的行政行為論が、その長所を生かす形で展開されているように思われる。

越権訴訟と日本の取消訴訟を単純に比較することは困難である。本章は、既にわが国の行政法学研究が様々に指摘している、フランス行政決定理論の柔軟性とそれに対する越権訴訟のコントロールの広範さという特色について、特定の視点から考察を加えたに過ぎない。しかしながら、本章で明らかにしたフランスの議論状況は、わが国の論者の言う「分析的考察と総合的考察」論[94]との対比という点で示唆的である。わが国の制度改革論を含めて、他日を期して議論を深めたいと思う。

(94)　園部逸夫「抗告訴訟の対象」同『裁判行政法講話』一二三頁、高木光『事実行為と行政訴訟』二三〇頁など。

第四章　行政決定の違法性と行政賠償責任

第一節　問題の所在

国家賠償による行政救済は、わが国の行政救済制度全体の中で、重要な地位を占めるに至っている。他方、本書の主題である行政訴訟制度・行政救済制度の改革論という文脈では、ドイツ的な考え方に強く支配された論者から、抗告訴訟制度の機能不全に代替する現象としての「国家賠償制度の過剰負担」といった（恐らくは否定的ニュアンスの）言説も現れている。[1] 本章の関心は、国家補償による救済制度を高度に発達させたフランスにおいて、国家賠償請求訴訟（全面審判訴訟）と取消訴訟（越権訴訟）の二元構造の中で、二つの行政救済制度の相互関係がどのように議論されて来たのかを明らかにすることにある。そして、日本の行政法学の多数説（通常はドイツ的発想に基づいている）が、国家賠償法一条一項における違法性について、「法律による行政」原理から理論的に一貫して説明しようとすることに対するオールタナティブとして、国家補償法による救済の独自性にも比重を置いたフランス的な理論モデルを位置づけたいと考えている。[2] そして、右の問題を考察するための切り口として、取消訴訟における違法性と、国家賠償法上の違法概念の相互関係、という論点から光を当てることとする。[3]

ここで、フランスに目を転じると、越権訴訟と全面審判訴訟の併存関係を分析するについて、両訴訟が行政作用に対して可能にしている実体法上のコントロールのあり方の異同の問題が議論されている。この点を理論的に解明するためには、越権訴訟で主たる攻撃方法（moyen）となる、当該行政決定の取消事由たる違法性（illégalité）と、全面審判訴訟の典型である行政賠償責任訴訟において、行政賠償責任の成立要件たる役務過失（faute de service）、という二つの法概念の相互関係を検討する必要が生じる。フランス行政法学上の議論の潮流としては、伝統的な学説・判例は、違法性と役務過失という二つの概念を理論上異なるものと捉える傾向があったが、一九七〇年代以降の学説・判例上の議論の展開により、両概念の一致が強調され、現在の判例・通説は、行政決定に起因して私人に何らかの損害が発生して行政賠償責任が争われる場合に、「違法性＝フォート」という等式の成立を認めるに至っている。(4) 本章では、右の如き学説・判例の変遷過程を追うこととしたい。

なお、本章は、もっぱらフランス行政法学における議論状況の分析を試みるものであって、直接日本法の議論には立ち入らないけれども、日本法につき一定の示唆を得ようという問題意識を基礎にしている。そこで、日本の議論状況との対比を念頭に置きつつ、フランスでの右の議論を検討する上で必要になるいくつかの前提について、あらかじめ整理しておきたい。

まず、フランス行政法制度上、行政決定の取消しを求める越権訴訟と、全面審判訴訟の典型である行政賠償責任訴訟とは、行政訴訟を二分する訴訟類型として、手続上の独立性が明確にされている。越権訴訟において行政決定の違法又は適法の判断が確定しても、また、訴訟期間の徒過により行政決定の違法を越権訴訟によって争うことが手続上不可能になったとしても、後続の行政賠償責任訴訟において、当該行政決定の役務過失を争うことは可能である。(5) さらに、越権訴訟と行政賠償責任訴訟の二元性は、両訴訟の対象という点にも反映される。すなわち、越権訴訟は行政決定の取消しのみが争われるのに対して、行政賠償責任訴訟では、広く事実作用（fait matériel）を対象とする。(6) この意味で、行政決定に係る違法性と、事実作用に係るフォートとは、基本的に「ずれ」が生じる余地がある。そして、ここで確認しておくべきことは、フランス行政法上論じられているのは、違法又は適法な行政決定から何らかの損害が生じてその賠償責任を争う場合に、当該行政決定が役務過失を構成するのか、という命題に限定されている点である。すなわち、通常は、行政決定の違法性判断が先行する場合のみを想定しているのであり、判断の対象の「ずれ」から生じる違法性とフォートの相違について論じるものではない。さらに付言すると、フランスの議論では、行政権による決定のみが視野に入れられ、立法作用・司法作用については、原則として議論の枠組みからは除外されている。

次に、行政賠償責任における役務過失の概念そのものに関する問題がある。フランス行政法における役務過失が、役務作用の瑕疵として客観的性格を持つ法概念であることは、わが国でも人の知るところである[7]。また、フランス行政賠償責任法において、わが国で言うところの違法性と故意過失という二重の責任要件は存在せず、通常は、役務過失・損害・因果関係の三つの要件に整理されている[8]。この意味で、役務過失の概念は、行政賠償責任の統一的帰責事由たり得ていると思われる。他方で、役務過失（フォート）による責任と、フォートなき責任の区別が存在し、後者はリスク理論によって説明されている。ただし、フランスにおけるフォートによる責任とリスクによる責任の区分は、日本における国家賠償と損失補償の区分に必ずしも対応するものとは言えない[9]。なお、フランス行政賠償責任法では、フォートに段階（gravité）を認めており、例えば警察作用については「重いフォート」が要求される[10]。フォートの段階の問題は、違法性判断との関係という平面にも影響を与えるのであるが、議論の複雑化を避けるために、本章では、フォートという場合には「単純なフォート」のみを考慮に入れることとする。

さらに、民事法上の不法行為責任との関係という問題がある。通常、行政決定に起因する損害の賠償請求については、裁判管轄上及び実体法上、行政賠償責任の問題として扱ってよいとされる[11]。この点についても、幾つかの例外があるが、本章の検討では一応捨象したい。

最後に、フランス行政賠償責任法は、もっぱら行政判例法として形成されているという特色から生じる問題がある。判例は、あくまでも特定の具体的な紛争の解決を志向するものであって、抽象的な法概念を立てて論じるという方法とは相容れない部分がある。したがって、役務過失の要件には言及せずに、ある事実関係が直截に「国家の賠償責任をもたらす性格」であるか否か、と判示する判決もある。行政賠償責任が肯定された事例であれば、リスク理論の適用がある場合を除外すれば、役務過失の要件をみたしていると見ることができるが、行政賠償責任が否定された場合に、フォートを構成しなかったのか、あるいは、フォートを構成するけれども損害・因果関係その他の要件がみたされなかったのか、判然としないケースも多い。この点について、本章の検討は、フランスの行政法学説による判例分析の枠組みを手掛かりにして、判例の傾向を捉えるという限度に止まっている。[12]

以上を前提に、検討を進めることとしたいが、フランスにおける通常の整理の仕方に従って、第一に「適法な行政決定はフォートを構成しない」、第二に「違法な行政決定はフォートを構成する」という二つの命題に分けた上で、判例・学説の展開とその問題点を分析したい。

（1）　第四一回司法制度改革審議会（http://www/kantei.go.jp/jp/sihouseido/dai41/）における藤田宙靖の発言。

（2）　この点について、拙稿「文献研究・宇賀克也著『国家補償法』」立教法学四八号一〇九頁以下も参照されたい。

（3）　わが国の国家賠償法一条一項に掲げられた「違法」概念については、様々な角度からの議論が展開されている。同項に基づく損害賠償責任の成立要件の解釈論として、違法性がいかなる判断枠組みと判断要素によって判定されるのかを明らかにしようとする努力がなされていることに加えて、①同項が違法と故意過失という二重の要件を定めていることから生じる問題、②違法性概念が国家賠償法と損失補償法の分水嶺となっていることから生じる、国家補償法の体系性に係る問題、③抗告訴訟と国家賠償請求訴訟という二つの司法上の救済制度の間で、違法性概念に差異があるのか、という問題、④民事不法行為法と行政法の交錯という観点から、国家賠償法上の違法性概念を設定するという問題、等について、それぞれの論者が、自らの行政救済の法的システムの全体構造に対する理解と問題意識を投影する理論上の切り口とも言える様相を呈しつつ、多様な議論が展開されている。文献等については、拙稿「行政決定の違法性と損害賠償責任」雄川一郎先生献呈論集『行政法の諸問題（中）』六八三頁以下を参照。

（４） Chapus, DAG, pp. 1190-1192；Paillet, La responsabilité administratif, 1996, pp. 97-98.
（５） 訴訟手続的に見ると、①損害賠償訴訟と越権訴訟を併合すること、②越権訴訟を提起せずに損害賠償訴訟で行政決定の役務過失を争うこと、③越権訴訟で争った後に再び損害賠償訴訟で行政決定の役務過失を争うこと、のいずれも可能である。ただし、越権訴訟の訴訟期間を徒過して、行政決定が形式的に確定すると、当該行政決定の取消しは不可能となる。Moreau, Dommages causes par des décisions administratives entachées d'excès de pouvoir, JCA fascicule 720, n. 12.
（６） Paillet, La faute du service public en droit administratif français, 1980, pp. 311-313；Chapus, DAG, pp. 1190-1192.
（７） 雄川一郎「フランスにおける国家責任法」同『行政の法理』四三二頁以下、滝沢正「各国の国家補償法の歴史的展開と動向――フランス」西村宏一他編『国家補償法大系１』二三頁等を参照。なお、フランスの国家責任法の全体構造を分析したものとして、久保茂樹「フランス国家責任法の一般理論についての再検討（一～四）」青山法学論集三一巻一・二・三号二一七頁以下、同三二巻一号八九頁以下、同三二巻三・四号一一七頁以下、同三四巻一号四三頁以下があり、この領域に関する本格的な研究として貴重である。
（８） Moreau, op.cit., n. 63.
（９） この点について、滝沢・前掲注(7)一一頁以下、小幡純子「フランスにおける公土木の損害（一）」法学協会雑誌一〇一巻四号一一三頁注(29)を参照。
（10） この点に関する本格的な比較法研究として、北村和生「フランス行政賠償責任における重過失責任（一・二）」法学論叢一二七巻四号五六頁以下、同一二八巻一号七七頁以下がある。
（11） Moreau, op.cit., n. 27-29.
（12） なお、一九六〇年以降、ルボン判例集の項目別一覧の中に、責任と違法性（responsabilité et illégalité）という項目が設けられており、コンセイユ・デタの判例検索に使用することができる。

第二節　「違法性の欠如＝フォートの欠如」の原則

一　判例・学説の状況

「適法な行政決定はフォートを構成しない」という原則（以下、「違法性の欠如＝フォートの欠如」原則とする）は、二〇世紀前半までの伝統的な行政判例法及び行政法学説において、すでに確立されていた。学説上、この原則は、一九〇六年に公刊されたテシエの著作『公権力の賠償責任』において明示されていた。[13] 判例も、一九二六年のコンセイユ・デタによるトレザレ判決をリーディングケースとして、[14] 現在まで右原則を肯定している。[15]「違法性の欠如＝フォートの欠如」原則の肯定は、法的行為の違法性は役務過失に基づく行政賠償責任が成立するための「必要条件」である、という形に定式化されている。[16] さらに、判例法は、損害を惹起した行政決定が、違法ではないが不当（inopportune）であったとしても、行政賠償責任を導かないことを確認している。以上に関して、リシェールは、「行政賠償責任の裁判官は、潜在的な（virtuel）越権訴訟について、判断を行っている」と表現している。[17]

もっとも、判例法上、適法な行政決定から生じる損害についてリスク理論に基づく無過失責任の成立が認められるので、例えば「損害が特殊かつ例外的な場合」であれば、無過失責任として金銭補償が認められる可能性がある。[18] しかし、「違法性の欠如＝フォートの欠如」原則、及びそのコロラリーである「違法性はフォートの必要条件」という命題は、判例・学説上、ほとんど一致してこれを真と認めているように思われる。

「違法性の欠如＝フォートの欠如」原則から派生する判例法として、過去に行政裁判官によって違法として取り消された行政決定につき、立法者がこれを有効として追認（validation）した場合に、[19] 元来違法であった行政決定は役務過失を構成しない、というものがある。[20] この判例法が示されたリーディングケースとして、一九七九年のコンセイユ・デタによるブランジェ判決[21]がある。同判決の概略は、次のとおりである。ブランジェ氏は医科大学教授に任命されたが、同じポストについて競合していた第三者が、右の任命の取消しを求める越権訴訟を提起した。コンセイユ・デタは、右任命の過程において、答申を行う大学諮問委員会を構成する手続に瑕疵があったことを認め、手続の瑕疵を理由にブランジェ氏の任命を取り消す判断を下し、同取消判決は確定するに至った。これを受けて、ブランジェ氏は、諮問手続の瑕疵による役務過失を主張して、行政賠償責任訴訟を提起した。その後、瑕疵ある諮問手続を遡及的に有効として扱うという立法措置がなされたため、コンセイユ・デタは、立法者による追認の帰結として、ブランジェ氏の主張する役務過失が認められないことを判示したのである。

　ブランジェ判決における政府委員テリイ（Théry）の論告では、立法による追認の効果について、行政賠償責任について別個に扱い、ブランジェ氏との関係について違法性を維持するという考え方は採用できないとされ、追認の結果もたらされる不公平な結果については、「法の下における平等原則違反」ないし「立法のもたらす異常な損失」として、役務過失以外の法的枠組みで救済するべきことが述べられている。

　このように、判例法は、「違法性の欠如＝フォートの欠如」原則の維持から生じる不都合について、役務過失の枠内ではなく無過失責任として解決しようとしている。このことは、判例が、「違法性の欠如＝フォートの欠如」という等式を、フォート理論とリスク理論の境界線として、厳密に維持して行こうとする傾向を示しているように思われる。

（13）　Teissier, La responsabilité de la puissance publique, 1906, p. 179.

（14）　CE 16 juillet 1926, Trésallet, L 751.

（15）　Odent, Contentieux administratif, 1976-1982, p. 1375 ; Moreau, Dommages causes par des décisions administratives entachées d'excès de pouvoir, JCA fascicules 720, n. 77.

(16) Delbez, De l'excès de pouvoir comme source de responsabilité, RDP 1932, pp. 467-477 ; Moreau, op.cit., n. 68.
(17) Richer, La faute du service public dans la jurisprudence du Conseil d'Etat, 1978, p. 24.
(18) Odent, op.cit., pp. 1434-1436. もっとも、オダンは、現実に補償が認められた事例はまれであることを指摘している。
(19) 追認について、伊藤洋一『フランス行政訴訟の研究』三〇〇頁以下を参照。リヴェロ・フランス行政法二四八頁には、「裁判所において取り消された行政立法行為を、立法によって追認するのであり、このことは、当該行為を後のあらゆる審査から免れさせることになる」と記されている。
(20) 判例の一覧として、Odent, op.cit., p. 1432 ; Moreau, op.cit., n. 79.
(21) CE 11 mai 1979, Boulanger, AJ 1980, p. 253.

二　行政決定の適法性評価と行政賠償責任のずれ

判例・学説において「違法性の欠如＝フォートの欠如」原則が肯定されているとしても、越権訴訟における行政決定の適法性の評価と、当該行政決定に起因する行政賠償責任の判断との間に、一定の「ずれ」が生じる場合もある。

右の原則は、越権訴訟において違法でないと評価された（あるいは評価され得た）行政決定については、行政賠償責任訴訟においてもフォートを構成し得ないというものである。行政判例法は、さらに、ある行政決定が越権訴訟の対象から除外され、その結果として越権訴訟による適法性判断が行われ得ない場合において、フォートに基づく行政賠償責任の成立を否定する立場をとってきた（無過失責任による補償の可能性は肯定される）。その典型として、いわゆる統治行為（acte de gouvernement）の場合がある。[22]

右の観点からは、行政の内部的措置（mesure d'ordre intérieur）に起因する行政賠償責任が問題となる。従来、内部的措置については越権訴訟の対象性を否定され、同時に、役務過失による行政賠償責任も成立し得ないと考えられてきた。[23]これに対して、一九七八年のコンセイユ・デタによるスピル判決は、行政の内部的措置について、それ自体賠償責任を導くことが不可能であるという理由ではなく、フォートを構成しないという理由で賠償請求を棄却した。[24]

スピル判決は、次のような事案であった。スピル氏は、一九六七年以降、文化担当大臣所管の立法・争訟部の管理職にあった。一九七三年になって、この部が立法担当と争訟担当に分割され、スピル氏は前者に配属された。この結果、スピル氏は、従前行っていた業務の大半を扱えなくなり、部下も大きく削られた。同氏は、この措置を一種の降格処分であると考え、右の組織改編による損害の補塡を求める訴えを提起したのである。判決は、当該組織改編がスピル氏に対する懲戒処分としての意味を持つものではないことを認定したうえで、役務過失を構成しないと判断したのである。

スピル判決の特色は、行政の内部的措置に起因する行政賠償責任について、それ自体が賠償責任を導くことが不可能という理由ではなく、当該内部的措置がフォートを構成するか否かにつき審査したうえで、請求を棄却するという立場を提示したことにある。政府委員ジュヌヴォア（Genevois）の論告では、内部的措置は単なる行動（comportement）であって行政決定とは切り離して捉えるべきことを根拠に、これがフォートを構成する可能性を認めている。[25]

スピル判決の示す法理は、違法性と役務過失の等価関係を強調する傾向からは反するように見える。また、越権訴訟による行政作用の適法性コントロールの広範さという、一般的な認識とも食い違うようにも思える。この点は、内部的措置について越権訴訟のコントロールが及ばないという当時の判例法自体が問題なのであって、スピル判決は、右のいわば埋め合わせをしたものである、と解することもできよう。しかし、行政判例法が、行政決定と執行作用の区分という観点を内部的措置の領域に持ち込んで、適法性と役務過失の「ずれ」を示した例として、注目することができる。[26][27]

(22) CE 30 mars 1966, Compagnie générale d'énergies radio-électrique, L 257.

(23) 従来の行政判例法は、一九六八年判決（CE 13 juillet 1968, Chenal, L 446.）をリーディングケースとして、内部的措置に関する行政賠償責任そのものを否定していると理解されていた。Cf. Moreau, op.cit., n. 74-75. もっとも、リシェールは、判例法上、内部的措置に関する行政賠償責任は肯定されてきたという見解を述べている。Richer, op.cit., p. 42.

(24) CE 9 juin 1978, Spire, AJ 1979, p. 92, note Truchet.

(25) Ibid. なお、ジュヌヴォアの論告については、右の箇所におけるトルシェの解説に引用されたものを参照した。

(26) なお、内部的措置に対する越権訴訟の受理可能性については、一九九五年の同日に出された二つのコンセイユ・デタ判決（CE 17 février 1995, Marie ; CE 17 février 1995, Hardouin, AJ 1995, p. 379 ; RFDA 1995, p. 353 ; RDP 1995, p. 1338.）により、従来よりも拡張されることとなった。Cf. Chapus DCA, p. 489 ; Moderne, RFDA 1995, p. 822. この点について、司法研修所・研究一八二頁を参照。なお、内部的措置に関する従前の判例法について、村上裕章「フランス公法判例研究」法政研究五三巻一号一七七頁以下の分析が有用である。

(27) なお、当該行政作用の特殊性ゆえに、違法性が欠如していても役務過失が認められる場合もある。例えば、公務員が不意打ち的に解雇された場合に、この解雇が役務の利益上適法であったとしても行政賠償責任を認めるとした判決（CE 26 décembre 1919, Ambland, L 955.）がある。

三　権利濫用と権限濫用

「違法性の欠如＝フォートの欠如」原則の例外、すなわち、適法な行政決定がフォートを構成する場合があり得るのかという点について、「権利濫用（abus de droit）」の法理が、一般的な問題として論じられることがある[28]。行政賠償責任の領域に「権利濫用」の法理を導入することは、モーリス・オーリウによって提言された。オーリウは、一九〇三年のコンセイユ・デタによるジメルマン判決が、知事による一連の措置を総体として濫用的であると評価して行政賠償責任を肯定したことを受けて、民事法で使用される権利濫用の法理を、行政法に持ち込むという主張を行った[29]。オーリウは、越権訴訟における取消事由である「権限濫用（détournement de pouvoir）」と、行政賠償責任の要件となる「権利濫用」の関係について、両者は、共に「良き行政」の規範に一致しないことをチェックするという意味で同一の基礎を持つけれども、「権限濫用」が「執行的決定」に関するものであるのに対して、「権利濫用」は「執行された事実」に関するものであるという点で相互に独立である、と説明したのである。[30]

その後、一九二九年のコンセイユ・デタによるスグリ鉱山判決では、植民地における違法な金の採掘を当局が黙認し、奨励さえしていた事例について、「行政がその権限を濫用的に行使した」として、行政賠償責任が肯定された。[31] この判決をとらえて、行政決定に対する越権訴訟では取消事由となり得ない瑕疵について、「権利濫用」と構成して役務過失による行政賠償責任を肯定したものと理解し、「違法性の欠如＝フォートの欠如」原則が否定されたと主張する学説も出現したと言われる。[32]

右の点について、リシェールは、オーリウと同一線上の解釈により、「権限濫用」と「権利濫用」は、単に「行政決定」と「執行作用」の区別の問題へと解消されるのであり、「違法性の欠如＝フォートの欠如」原則の例外となるものではない、とする。リシェールは、次のように述べる。

「行為から切り離される執行は、それ自身、フォートを構成する。……決定の視点と執行の視点は、行為が損害の原因となる時点以降、常に区別され得る。スグリ鉱山判決についても、濫用的と言えるのは、損害の原因となった決定ではなく、損害という結果を生み出した執行にある。[33]」

ここまでを整理すると、「違法性の欠如＝フォートの欠如」原則は、判例・学説上確立されており、行政決定が適法であるという法的評価という点で、越権訴訟と損害賠償請求訴訟（全面審判訴訟）に違いはない、ということができよう。ただし、リスク理論による無過失責任により行政賠償責任が認められる余地があること、及び、行政賠償責任を争う場合に（行政決定と区別される）執行作用の法的評価が問題になる場合に、越権訴訟との関係で違法判断が相対的になる可能性があること、に留意する必要があろう。

（28）　Richer, op.cit., pp. 24-26.
（29）　CE 27 février 1903, Olivier et Zimmermann, S 1905, p. 17, note Hauriou.
（30）　オーリウの権利濫用論について、Sfez, Essai sur la contribution de doyen Hauriou au droit administratif français, 1966, pp. 203-204.
（31）　CE 22 novembre 1922, Mines de Suguri, S 1930, p. 17 note Bonnard.
（32）　リシェール・前掲注(23)は、シャトレーヌ説（Châtelaine, Contribution à l'étude de la notion d'abus des droits dans le contentieux administratif, 1945.）を取り上げているが、筆者は未見である。もっとも、ボナールの判例評釈（Ibid.）では、権利濫用は取消しと賠償の両方の効果をもたらす、と述べている。これらの点について、Dubois, La Théorie de l'abus de droit et la jurisprudence administrative. 1962, p. 347.
（33）　Richer, op.cit., pp. 25-26.

第三節　「違法性＝フォート」の原則

一　伝統的学説

「違法な行政決定は役務過失を構成する」という原則（以下、「違法性＝フォート」原則とする）について、判例・学説は、否定説から肯定説へと変遷する。[34]まず、伝統的学説から見ておきたい。

フランスの伝統的行政法学説は、「違法性＝フォート」原則の否定説をとり、「違法性はフォートの十分条件ではない」というテーゼを導いていた。伝統的学説は、これを「違法性の欠如＝フォートの欠如」原則の肯定と併せた形で、「違法性はフォートの必要条件であるが十分条件ではない」と整理していた。[35]例えば、デルベッツは、「違法性に対するサンクションである取消しは、厳格で硬直的なサンクションであるが、賠償責任に関するサンクションである損害賠償は、柔軟でニュアンスのあるサンクションである。違法性と賠償責任の二つの概念は相互に独立し、還元不能なものなのであり、たとえ複雑な法的状況の中に混在して立ち現れたとしても、分析を行えば錯綜は解決され、それぞれの場所に落ちつかせることができる」と述べ、違法性の存在はフォートを「推定」させるに過ぎないという考えを示している。(36)

また、コンセイユ・デタの判例法においても、「違法性＝フォート」原則の否定説が採用されていた。判例法の立場を典型的に示しているのが、一九四九年のコンセイユ・デタ判決における政府委員ガジエの論告である。(37) そこでは、次のように述べられている。

「判例法は、一般原則としてフォートと違法性を同一視していない。我々は、損害賠償請求の原因となった瑕疵を帯びた活動の重大さについて、事件の個々の場合につき評価する権限を持っている。そして、当該決定の効力を失わせるに足りる瑕疵が犯されていても、行政が公権力の賠償責任を負担するに値するフォートを犯しているかについて改めて評価を行うのである。」

判例による「違法性＝フォート」原則否定説について、デュエズは、次のように分析している。いわく、行政判例法上、違法性について、自動的に行政賠償責任を生じさせる違法性（既判力違反、法律侵犯、権限濫用）と、場合により行政賠償責任が生じる違法性（無権限、形式・手続の瑕疵）とに分けられる。これは、違法性が重大なものについて容易に賠償責任が生じる一方、軽度の違法性については賠償責任を生じない場合がある得る、という基本的視角に基づいている。そして、後者につき行政賠償責任の有無を判断する基準は、行為の修復可能性である。すなわち、違法性が明らかになった際に、行政が当該行為を直接かつ容易にやり直すことが可能な場合について、当初の違法性の事実のみからは賠償責任が生じない。なぜならば、行為の相手方は、行政による行為のやり直しにより、結局のところ損害からのがれられないからである、と。(38)

右のデュエズ説は、判例の蓄積を背景にして若干の修正を加えられつつも、基本的には通説的地位を維持する。デュエズ説を理論的に敷衍した例として、一九五二年に公表されたウェイルの著作『越権による行政行為の取消しの帰結』における記述がある。[39]

ウェイルは、「違法な決定が執行され、それが損害を惹起した場合についても、行政がフォートを犯していないことを根拠に賠償責任を否定された」判例の存在を確認する。そして、「違法が犯されたならば、それは役務の悪しき作用の明らかな兆候なのではないか」と自問しつつ、この問いに対して次のように答えている。「純論理的に見れば、違法は疑いなくフォートを構成する。しかし、ここでも、フォートが賠償責任を生じるのに十分な程度に達していることが必要である。……全ての越権をフォートと捉えることは、危険でありかつ正義に反する。すなわち、行政上の財政の疲弊や、行政の自主性に厳格さを要求することから生じる麻痺という点で危険であり、行政上の規制活動の非常な複雑さのゆえに許容されるべきであるにもかかわらず、軽微な違法性の存在によってフォートを肯定することは、正義に反する。」ウェイルは、違法な行政決定から損害が生じているにもかかわらず、行政賠償責任が否定されるケースとして、①形式・手続の瑕疵と無権限、②行政が適法な決定を行ったとしても結果が同じになったと考えられる場合、③評価の誤り（erreur d'appréciation）、という三つの類型を挙げている。さらに、ウェイルは、決定が違法であっても行政賠償責任が否定されるもうひとつのカテゴリーとして、損害が生じていない場合を挙げている。[40]

一方、行政判例法は、「違法性＝フォート」原則が否定される事例の類型化を進めた。この点で、一九六〇年のコンセイユ・デタ判決における政府委員ヴェルナールの論告が参照されるべきであろう。[41] ヴェルナールの見解は、大要以下のようなものであった。いわく、越権訴訟によって違法性が明らかになった行政決定の執行は、原則として、それ自身公権力の賠償責任を導くフォートを構成する。しかし、違法な行政決定の執行が、常に公権力の賠償責任を生ぜしめるのではない。その例外は大きく二つのグループに分けられる。第一のグループは、純粋に形式に関する軽度の違法性を帯びた行政決定であり、第二のグループは、第一類型以外のもので、①行政決定が通常の状態では違法であるが例外状況において適法と判断される場合、②事実関係の評価が大変に微妙でありフォートとは認定できない場合、すなわち、いわゆる評価の誤りの場合、③違法な決定が別の根拠によって正当化される場合、が含まれる、と。

以上が、伝統的学説及び判例による「違法性＝フォート」原則否定説の概要であり、理論的に右原則が肯定できないことが論じられ、右原則が成り立たない事例の類型化がなされていた。もっとも、最後に挙げたヴェルナールの論旨は、行政決定の違法性は原則としてフォートを構成するのであり、「違法性＝フォート」原則が否定される事例を原則の例外として整理するという構成によっている。そこには、「違法性＝フォート」原則を否定する伝統的学説とは異なる方向性を読み取ることができる。[42] 実際に、一九七〇年代以降、行政判例法は「違法性＝フォート」の等式の肯定へと転換し、同時に学説の流れも逆転することになる。

(34) Odent, op.cit., p. 1377.
(35) Paillet, La faute du service public en droit administratif français, 1980, p. 172.
(36) Delbez, op.cit., pp. 489-490.
(37) CE 30 juillet 1949, Thibeau, D 1950, p. 109. 違法な徴用（réquisition）に関する行政賠償請求の事例である。
(38) Duez, La responsabilité de la puissance publique, 1927, pp. 23-27.
(39) Weil, Les conséquence de l'annulation d'un acte administratif pour excès de pouvoir, 1952. p. 253.
(40) Ibid., pp. 254-255.
(41) CE 22 janvier 1960, Société anonyme Automobiles Berliet, Droit Social 1960, p. 206.
(42) Paillet, op.cit., p. 176.

二　「違法性＝フォート」原則肯定説

「違法性＝フォート」原則を全面的に肯定する学説の源流は、デュギィに遡ることができる。デュギィは、役務過失は官吏の権限を定める法規範の侵犯であり、この意味で、越権は国の賠償責任を基礎づけるのに必要十分であり、違法性と役務過失が完全に重複するという学説を提示していた(43)。デュギィ説は、それが提起された時点では、「違法性＝フォート」の等式を否定する伝統的学説と対立する少数説であったが、その後次第に賛同者を得るようになる。例えば、ヴァリーヌは、一九六四年に公表した判例評釈の中で、「全ての違法な行政決定は ipso facto に行政賠償責任を導くに足りるフォートを構成する」と述べているし(44)、ニザールも、デュエズやオダンらの伝統的学説を批判して、「我々は違法性との関係でフォートの独自性を認めた判例の存在を知らない」という指摘を行っている(45)。

そして、このデュギィ説の復活を正面から主張したのが、エランの博士論文『違法性に基づく賠償責任訴訟における役務過失と損害』(一九六九年・ナント大学)であった(46)。エランは、行政判例法の詳細な検討を行ったうえで、「違法性概念と役務過失概念は、半ば自動的に重複している」との結論に至る(47)。もっとも、エランも、判例法上右の重複の例外が存在することを認めており、その最も重要なものが「評価の誤り」であるとする(48)。そして、エランは、通常違法な行政決定から損害賠償責任が生じないとされているケースについて、違法性とフォートが重複しないからではなく、損害（préjudice）要件が欠けているからである、とする(49)。すなわち、エラン説は、「違法性＝フォート」原則を否定する伝統的学説において、違法性とフォートの関係の問題が損害の問題と混同されていることを指摘したのである(50)。

右のエラン論文においても、「違法性＝フォート」原則が成立しない例外として、「評価の誤り」が挙げられている。この時点の行政判例法は、行政決定が「評価の誤り」の違法を帯びている場合に、当該決定に起因するフォートの成立を否定していた。ところが、一九七三年のコンセイユ・デタによるドリアンクル判決は、それまでの判例を変更し、「評価の誤り」についても違法性とフォートの一致を認めたのである。[51] そして、このドリアンクル判決を契機として、判例・学説の流れが、「違法性＝フォート」原則の肯定へと大きく転換するのである。

ドリアンクル判決の概要は、次のようなものであった。ドリアンクル氏は、自分が経営する娯楽施設の閉鎖命令に対して、取消しを求める越権訴訟を提起した。地方行政裁判所は右命令を取り消し、この判決は確定するに至った。これを受けて、ドリアンクル氏は、右閉鎖命令によって被った損害の賠償を請求する訴えを提起した。これに対して、コンセイユ・デタは、本件命令の違法性が「評価の誤り」によるものであるとしても、公権力の賠償責任を生ぜしめる性格のフォートを構成する、と判示したのである。

ドリアンクル判決の示した法理は、その後の判決によっても確認され、「評価の誤り」につき違法性と役務過失が一致しないという従前の判例法は放棄される。[52] また、ある評者は、「ドリアンクル判決は、フォートにおける賠償責任の理論の単純化と合理化をもたらした。すなわち、今後、全ての違法性はフォートを構成する」と指摘した。[53] いずれにしても、判例法は、「違法性＝フォート」の等式が成立しないとされてきた典型例を消滅させ、違法性とフォートの重複を強める態度を示したのである。

学説上も、ドリアンクル判決以降、有力な論者によって「違法性＝フォート」原則肯定説が支持されるようになる。例えば、オダンは、ドリアンクル判決の前後で、「違法性＝フォート」原則の否定説から肯定説へと改説している。[54] また、現在の学問水準を示しているシャピュの概説書にも、「違法を犯すことは、その違法の性質如何にかかわらず、ことに内部的違法・外部的違法にかかわらず、常にフォートを構成する」と述べられている。[55]

(43) Duguit, Traité de droit constitutionnel, tome 3, 1930, p. 498.

(44) Waline, RDP 1964, p. 1004.

(45) Nizard, La jurisprudence administrative des circonstances exceptionnelles et la légalité, 1962, pp. 68-70.
(46) Helin, Faute de service et préjudice dans le contentieux de la responsabilité pour illégalité, 1969.
(47) Ibid., p. 168.
(48) Ibid., pp. 318-338.
(49) Ibid., pp. 429-430.
(50) なお、そもそも損害が生じない場合については、「毀損された権利」が存在しないため、主観的訴訟である損害賠償請求訴訟の訴訟要件がみたされないのではないのか、という論点が存在し、エラン論文もこの点の論証に多くが費やされているが、ここで右の問題を扱う余裕はない。
(51) CE 26 janvier 1973, Driancourt, AJ 1973, p. 245 ; RA 1974, p. 29 note Moderne.
(52) Cf. CE 12 décembre 1973, Moizard, L 1107 ; CE 28 mars 1980, Yverneau, RDP 1980, p. 1744.
(53) Cabanes et Lager, AJ 1974, p. 245.
(54) Odent, op.cit., p. 1377. Cf. Moreau, op.cit., n. 122
(55) Chapus, DAG, p. 1191.

三　形式・手続の瑕疵と行政賠償責任

役務過失の概念と違法性概念の乖離の可能性が問題になり得る領域のひとつとして、行政決定の形式・手続の瑕疵がある。[56] 伝統的学説は、形式・手続の瑕疵につきその異常性が軽微なことを根拠にして、当該行政決定に起因する行政賠償責任の成立を否定していた。[57] 伝統的学説が判例法のリーディングケースと捉えたのは、一九二一年のコンセイユ・デタによるモンピリエ判決であった。[58]

モンピリエ判決の事案は、肉屋を営むモンピリエ氏が、食料品の衛生検査に関する規制を定めたボルドー市長の命令について、賠償されるべき損害をもたらしたとして訴えを提起したものである。右命令は、コンセイユ・デタによって取り消されたのであるが、判決では、当該命令は単に定められた形式に違背したものであり、そこから、市の金銭上の賠償責任を生じる効果を持つものではない、と判断された。要するに、判決は、形式の瑕疵によってコンセイユ・デタによって取り消された行政決定について、行政主体の損害賠償責任を生じさせるものではないとした。

しかし、モンピリエ判決は、フォートの有無について何も言及しておらず、違法性とフォートの関係について明らかにするものではない、という指摘がある[59]。また、形式・手続の瑕疵につき行政賠償責任が否定される事例を違法性の軽微さによって説明することに対しても、違法な拘禁のように手続の瑕疵が重過失を構成する場合すらあること等を根拠に、批判が向けられた[60]。そして、行政判例法は、形式・手続の瑕疵の違法を帯びた行政決定から生じた損害について、役務過失の成立を認め、行政賠償責任を肯定する形に展開して行く。

形式・手続の瑕疵を帯びた行政決定について行政賠償責任を肯定する判例法は、公務員法の領域において典型を成している。とりわけ、懲戒処分、転任処分等に関する事前の書類交付の欠如や、懲戒処分における正しい諮問手続の欠如の場合に、行政賠償責任が肯定される判決が多数存在する[61]。さらに、一九八〇年代に入って、建築許可の手続の瑕疵に起因する行政賠償責任を肯定する一連の行政判例が現れた。このリーディングケースとしては、一九八三年のイタリ・ヴァンドルザン不動産会社判決が知られている[62]。これは、国土整備・住宅担当大臣による建築許可の事前合意がなされていたにもかかわらず、右事前合意に手続上の瑕疵があり、最終的に建築許可申請に対する拒絶決定がなされたという事例に関するものであり、コンセイユ・デタ判決は、手続の瑕疵による違法について、フォートによる行政賠償責任を肯定した。その他、判例は、様々な行政決定について同趣旨の事例を蓄積していった[63]。

そして、これらの判例では、事前の対審手続（procédure contradictoire）の瑕疵[64]や諮問手続の瑕疵[65]、さらに、聴聞手続の欠如等のいわゆる防御権（droit de la défence）の侵害について[66]、これらの瑕疵を帯びた行政決定に起因する損害について、行政賠償責任が肯定されている。このような状況は、行政賠償責任法が、行政決定に対する手続権保障のための法的システムの一環をなすに至ったとも言い得るものであろう。

(56) Helin, op.cit., p. 231.
(57) Moreau, op.cit., n. 113.
(58) CE 4 novembre 1921, Monpillier, L 903. Cf. Weil, op.cit., p. 255 ; Delbez, op.cit., p. 461 ; Helin, op.cit., p. 256.
(59) Helin, op.cit., pp. 251-252.
(60) Richer, op.cit., p. 27.
(61) 判例の一覧として、Cf. Moreau, op.cit., n. 117-118. なお、公務員の懲戒処分について書類交付が必要なことについては、一九〇五年四月二二日法によってすでに保障されている。この点について、皆川治広「フランスにおける行政の手続的統制」自治研究六〇巻四号一一五頁以下が詳細である。
(62) CE 17 juin 1983, Société Italie Vendrezanne, L 267.
(63) 判例の一覧について、Cf. Helin, op.cit., p. 256 ; Moreau, op.cit., n. 115.
(64) Genevoi, AJ 1982, p. 106 ; Helin, op.cit., p. 260.
(65) Helin, op.cit., p. 271.
(66) Ibid., p. 278. リーディングケースとして、CE 6 janvier 1956, Capelli, L 756. これは、道路の供用廃止につき事前調査手続に瑕疵があったという事例である。

四　議論の現状

以上のように、現在の判例・学説は、「違法性＝フォート」原則の肯定へと大きくシフトした。もっとも、右の説を採ったとしても、行政決定の違法に起因する役務過失が全て行政賠償責任を生じさせることにはならない。すなわち、役務過失は行政賠償責任が成立するためのひとつの要件に過ぎないのであり、他の要件（損害と因果関係が主要なものである）をみたさなければ行政賠償責任は発生しない[67]。そこで、「違法性＝フォート」原則が肯定されているというためには、違法な行政決定に起因する行政賠償責任の成立が否定された判例を分析して、これらが役務過失以外の他の要件をみたしていないからであるという説明が可能でなければならないことになる。この点について、一九八〇年代以降の判例法を参照しておきたい。

まず、違法な決定に起因する行政賠償責任を否定した、一九八〇年の二つのコンセイユ・デタ判決がある。まず、リカル判決は、フランス植民地で教育の公務に従事していたリカル氏が、本国送還措置を受けたことについて、当該措置が「書類の交付」を欠いた違法なものであったことを認めつつ、リカル氏の行動が右送還措置を正当化するに足りるという判断により、行政賠償責任を否定した[68]。また、オウ判決は、祭りに際してダンスホールの設置の許可を求める申請に対して、市長が不許可処分を行ったが、右処分は未だ執行されていない命令に基づくものとして法的根拠を欠くものと認定しつつ、市長は自らの警察権限に基づくならば同一の処分をすることができたとして、犯されたフォートから賠償責任が生じることを否定した[69]。

続いて、一九八一年に、コンセイユ・デタによるカルリエ判決が出される[70]。これは、九歳の児童のテレビ番組・映画の出演に関する知事の不許可決定について、決定の取消しと、そこから生じた損害の賠償を求めた訴訟である。判決は、当該不許可決定を行う際の諮問手続において、答申を出した児童の興行に関する委員会の構成手続、及びその人的編成に瑕疵があったとして、知事の決定の違法性を認めた。しかし、コンセイユ・デタは、右不許可決定そのものは、関連する労働法規に照らして「本件事実関係の下では法的に（légalement）正当化される」と判断して、行政賠償責任の成立を否定したのである。そして、同判決における政府委員ジュヌヴォアの論告は、違法な行政決定であっても行政賠償責任が生じない場合について、次の四つの類型に分類している。すなわち、第一に重過失が賠償責任成立の要件である場合、第二に被害者がフォートを犯している場合、第三に損害が生じていない場合、第四に決定の違法性が実体上正当と判断される場合、である。さらに、ジュヌヴォアは、右のうち第三類型について、違法な行政決定の存在が事実状態に変化をもたらさないような場合であり、損害が偶発的な事例、違法な決定と損害の間に因果関係の欠如する事例等が含まれるとする。また、第四類型については、ある決定が違法であったとしても、損害賠償請求訴訟固有の観点から実体上の法律関係を審査した結果、当該決定に起因する行政賠償責任が否定されるという場合であるとする。カルリエ判決は、行政決定の形式・手続の瑕疵に起因する行政賠償責任について、損害がないことを根拠に請求を棄却した事例である。ただし、右のジュヌヴォア論告では損害（第三類型）の中に因果関係の問題が包含されていることもあって、カルリエ判決は、違法性と損害の間の因果関係の欠如の例として扱われる場合もある[71]。いずれにしても、違法な行政決定に起因するにもかかわらず行政賠償責任が否定される事例について、フォート以外の要件の問題として処理したものである。

さらに、一九八五年のコンセイユ・デタによるリュビイ判決は、市立図書館の建設に際して、隣人となるリュビイ氏が、右図書館の建築許可手続にその諮問手続の瑕疵に係る違法性（すでに判決により取消しが確定している）に基づいて、行政賠償責任を請求したものである。コンセイユ・デタは、本件建築許可の瑕疵は、賠償責任を導くに足りるフォートを構成するものとしつつ、リュビイ氏は損害を立証していないとして、請求棄却とした[72]。その後の行政判例も、「違法性＝フォート」という等式を肯定しつつ、行政決定が違法であっても行政賠償責任が生じない場合についてはフォート以外の要件がみたされていないことによって説明している[73]。

ここで新たに理論的な問題となるのが、行政決定が違法であるにもかかわらず、それが実体上（au fond）正当と判断される事例（ジュヌヴォアの言う第四類型）について、行政賠償責任を否定するための根拠である[74]。学説では、右の類型について、損害要件の問題として扱うものや[75]、因果関係の問題として扱うものに分かれる[76][77]。また、右の判例法について、行政裁判官は行政賠償責任の有無という観点から違法な行政決定について改めて正当かどうか判断し直している、と理解することもできるであろう。[78] ここでこれ以上行政賠償責任法の要件論に立ち入ることはしないが、現在の判例法では、「違法性＝フォート」の原則を維持しつつ、それとは別の枠組みで行政賠償責任訴訟における独自の法的評価がなされる可能性が留保されていると集約することができる。[79]

(67) Moreau, op.cit., n. 63 ; Paillet, op.cit., pp. 97-98.
(68) CE 29 février 1980, Ricard, L 121.
(69) CE 13 juin 1980, Hauew, L 872（table).
(70) CE 19 juin 1982, Carliez, AJ 1982, p. 103 conclusions Genevois.
(71) Paillet, La responsabilité administrative, 1996, p. 98.
(72) CE 20 mars 1985, Ruby, RA 1986, p. 43.
(73) CE 10 juin 1992, Les Briqueteries Joly, RDP 1993, p. 261.
(74) 判例法は、この類型において、行政賠償責任を否定する。この法理は、すでに一九七〇年のコンセイユ・デタのコンスタンタン判決（CE 30 octobre 1970, Constantin, L 631.）において示されていた。コンスタンタン判決は、病院施設の拡張の不許可処分について、行政庁による事実の評価に誤りがあるとして違法と判断しつつ、本件地域における病院の必要性は既にみたされていることを認定し、これを根拠にすれば行政庁は適法に不許可処分を行うことができたとして、行政賠償責任の成立を否定している。
(75) Moderne, AJ 1974, p. 32 ; Paillet, La faute du service public en droit administratif français, p. 179.
(76) Richer, op.cit., pp. 28-29.
(77) パイユは、損害（préjudice）と被害（dommage）を区別し、損害は賠償責任の有無に結びつく規範的概念であり、行政決定が手続上違法であっても実体上正当化されるような事例については損害がないものと説明するべきであるとの立場を採っている。Paillet, op.cit., p. 182.
(78) カルリエ判決におけるジュヌヴォアの趣旨はこれに近いニュアンスがある。AJ 1982, pp. 106-107.
(79) モローによれば、近年の判例法において、内部的違法と外部的違法の区別が再び持ち出され、外部的違法の場合に行政賠償責任が否定される傾向があるとされる。Moreau, op.cit., n. 125.

第四節　検　討

本章における検討から、以下のことが明らかになったものと思われる。フランスの行政判例法は、違法な行政決定に起因する行政賠償責任に関して、行政決定の取消事由としての違法性と行政賠償責任の要件たる役務過失の一致を広く認める傾向にある。その際に、損害や因果関係等の役務過失以外の要件について、行政賠償請求訴訟として固有の判断が行われるため、「違法性＝フォート」の等式を認めるからといって、直截に行政賠償責任が導かれるわけではない。このような「ずれ」は、行政決定の瑕疵が形式・手続に係るものである場合に典型的に現れるが、いずれにしてもフォートの成立は認めるという傾向がうかがえる。

行政法学説も、判例法の動向に対応しつつ、違法性とフォートの概念としての重複を肯定する方向に動いている。ここで留意すべきことは、このフランスの行政法学説は、もっぱら判例法理の整理の仕方に係わるものであって、判例法の示す準則を構造的な枠組みとして提示することに関心が向けられ、違法性やフォートといった抽象的な概念自体の深化という志向が希薄であるということである。そこで、違法性とフォートの切断を主張していた従来の学説と、その一致を主張する最近の学説とが、それぞれの枠組みを作り上げるにあたって、いかなる点でその見解を分岐させるに至っているのか、改めて整理をしておきたい。

違法性とフォートの不一致を主張する学説は、越権訴訟と行政賠償責任訴訟（全面審判訴訟）の制度的二元性を、大前提としている。したがって、共通の行政決定が係争となっているように見える場合であっても、行政決定それ自体の違法性と、決定の執行たる事実行為に係る役務過失とは、あくまでも理論的平面が異なるものということになる(80)。さらに、違法性と役務過失は、これらを犯した行政活動に対するサンクションという点でも、「ずれ」が存在すると考えられてきた。すなわち、行政賠償責任訴訟における裁判官は、損害を被った人に金銭賠償を与えるべきか、という視点から判断を行うのであり、越権訴訟よりも具体的な事実関係を広く判断するものと考えられた[81]。行政決定の形式・手続の瑕疵による違法については、行政賠償責任訴訟の裁判官が、ある種の法的訂正に相当するような固有の実体判断を行う、という見方もなされるところであろう。

これに対して、違法性とフォートの一致を強調する学説は、行政の行為規範違反という要素を重視する。役務過失の概念を行政に対して課される義務違反と位置づけるならば、適法性の原理から導かれる違法性と、行政賠償責任の要件たるフォートとが、重複すると考える必要性が増すであろう。違法性とフォートの一致を提唱したのが、客観法論者を代表するデュギィであったことは、このことを想起させる。さらに、この立場が、論理的に明晰であることも主張されている。「違法性＝フォート」という図式そのものが明快であることに加えて、違法性の存在と行政賠償責任の不成立という「ずれ」について、役務過失以外の損害等の要件の問題と整理することにより、違法性・役務過失・賠償責任という三者の相互関係が明確になるとされる。また、サンクションの点についても、例えば、形式・手続の瑕疵であっても、その違法性が行政賠償責任の平面に何らの効果も及ぼさないというのは誤りであって、フォートを認めたうえで損害その他の要件の有無を判断すれば良いということになる[82]。

以上要するに、フランスの行政法学説は、違法性とフォートが論理的に「ずれ」があるにもかかわらず事実上一定限度で一致するという理解から、両者は理論的には一致するのであるが、実際の行政賠償責任の成否という点で「ずれ」が生じるという理解へと、シフトしたと言える。その学説上の論拠としては、形式・手続の瑕疵に対する救済という実践的意味[83]、理論としての明晰さ、さらに、裁判官の行政作用に対する法的評価の一元化、といったものがあると見ることができる。

フランスの行政救済制度上、越権訴訟と全面審判訴訟の手続上の二元性は維持されているのであるが、それにもかかわらず、違法性とフォートの重複が強調される方向へと議論がシフトしたのは、問題設定に一定の枠づけがなされた帰結であるように思われる。すなわち、「違法性＝フォート」という等式を認める学説は、そこからはみ出してしまう場合を議論の土俵から取り除いた上で、右の等式を正当化することを試みている。これは、フランス行政法における「判例分析的研究方法[84]」と、「実益が感じられないにも拘らず抽象的な概念をうち立てることをしないという、法学説上の伝統的態度」の反映であるように思われる[85]。わが国における国家賠償法の議論も、判例の蓄積を背景に、その分析という形態をとることが多い。また、抗告訴訟と国家賠償請求訴訟の関係についても、行政法ドグマティクへの求心的な理論構成が強調される一方、「個別具体的には、両者が事実上同一の問題を処理する場合がおこり得る」のであり[86]、さらに、「国家賠償事件が、実質上完全に行政事件化してしまっている」例があることも指摘されている[87]。以上のような要素を考慮した問題解決を志向するならば、フランス行政法学の思考方法も、わが国の議論状況にひとつの示唆を与えるのではないか、と思われる。

(80) Richer, op.cit., pp. 29-30.
(81) Genevois, AJ 1982, p. 197.
(82) Pacteau, RA 1986, pp. 44-45.
(83) Cf. Helin, op.cit., pp. 270-271.
(84) 兼子仁『現代フランス行政法』二一頁。
(85) 滝沢・前掲注(7)一四頁。
(86) 遠藤博也『実定行政法』二〇八頁。もっとも、遠藤博也は、両者が一致するように見えても、完全には重複していないことを指摘している。
(87) 園部逸夫『裁判行政法講話』七七頁。

補論　行政判例と行政法学の交錯

一　はじめに

フランス行政法学が、行政判例によって形成されたことは、良く知られている。一九世紀後半に現代的なフランス行政法学が形成された時期以降、コンセイユ・デタや権限裁判所の判例が行政法の第一の構成要素であることは、常に前提とされていた[1]。

その際に、行政法においては、もともと制定法が欠如していたり、あるいはフランス革命期の権力分立等に係る抽象度の高い条文から具体的な紛争の解決を導くということが多く、コンセイユ・デタや権限裁判所による紛争の解決は、まさに法を創造することに等しいという現象があった。例えば、ジョルジュ・ヴデルによる「法を語ること、それは、行政裁判官にとっては、多分に法を創造することである (dire le droit, c'est pour le juge administratif, surtout en grande partie le créer)」という一節は、右の事情を端的に示すものとしてしばしば引用されている[2]。

もっとも、行政法の領域でも、行政裁判官による「判例 (jurisprudence)」形成に関する理論的問題、すなわち、裁判官による法の創造が認められる理論的根拠、あるいは、判例の法源性の問題等について一定の論争が続けられてきた[3]。また、行政法における法典化の進行を踏まえて、判例法によって構成される行政法という図式を再検討しようとする動向も見られる[4]。しかし、現在でも、フランス行政法における行政判例の第一義性は変わらず、フランス行政法学において、行政判例の整理分析や行政判例の評釈作業は、その重要性を失っていないように思われる。

本研究は、行政判例の形成において学説がいかなる役割を果たしたのか、行政法学者による判例評釈や判例ノートはいかなる存在意義をもつのか、行政裁判官と学説の相互作用として具体的にどのような内容が語られているのか等々に注目して、その一端を明らかにすることを課題とするものである。

叙述の順序として、第一に、現在のフランス行政法学の構築者と目されるエドワール・ラフェリエールと、フランス行政法学上最初にして最大の判例批評家（アレティスト）として知られるモーリス・オーリウの二人の巨匠の業績について、判例と学説の相互作用という観点から簡単に概観する。第二に、行政判例と学説の相互作用に関するフランスの議論のうち、現在でも引用されることの多い代表的な論稿を取り上げて検討を加える。第三に、比較的近年の議論の動向として、行政判例と学説の相互作用の問題を主題にした二つの博士論文（テオドール・フォルザキス及びマリーズ・ドゥゲルグのテーズ）について紹介し分析する。

（1）行政法学の発展においてコンセイユ・デタが果たした役割について論じた比較的最近の文献として、Cf. Braibant, Le rôle du Conseil d'Etat dans l'élaboration du droit, Mél. Chapus, 1992, pp. 91-102, notamment pp. 96-99. ただし、このブレバン論文は、立法過程におけるコンセイユ・デタの役割の分析に比重が置かれており、コンセイユ・デタの判例形成機能については、既に多くの先行する研究があることを前提に、問題全般の概観という形で記述されるに留まっている。しかし、コンセイユ・デタ訴訟部長たるブレバンの論述は、行政判例と学説の関係に係る議論状況の水準を示す要約となっている。また、一九九五年に公刊された『法律時報・行政法（L'actualité juridique, droit administratif）』の五〇周年記念特別号には、フランスの判例行政法学の展開に関して様々な視点から現在の課題を検討した論稿が寄せられており、参考に値する。さらに、『雑誌行政（Revue administrative）』は、一九九七年に『コンセイユ・デタと学説（Le Conseil d'Etat et la doctrine）』と題する特別号を発行しており、主題につき有益な論稿が集められている。

（2）Vedel, Les bases constitutionnelles du droit administratif, EDCE 1954. p. 53.

（3）この問題に関する議論状況の要約として、Cf. Deguergue, Jurisprudence et doctrine dans l'élaboration du droit de la responsabilité administrative, 1994, pp. 4-16. なお、フランス民事法において、判例の法源性を巡る議論の蓄積が見られ

ることは、人の知るところである。また、この問題に関して行政法学の大家であったマルセル・ヴァリーヌの学説が一定の影響力を持ったことも知られている。これらの点を扱った代表的な邦文の文献として、野田良之「フランスにおける民事判例の理論」法学協会雑誌七五巻三号一頁以下、大村敦志「現象としての判例――『フランスにおける民事判例の理論』その後」日仏法学一七号五一頁以下を参照。行政判例も視野に入れた論稿としては、滝沢正「フランスにおける判例の機能――司法判例と行政判例」比較法研究五三号一六四頁以下がある。

（4）Linotte, Déclin du pouvoir jurisprudentiel et ascension du pouvoir juridictionnel en droit administratif, AJ 1980, pp. 632-639. このリノット論文を受けた論文として、Rials, Sur une distinction contestable et un trop réel déclin, AJ 1981, pp. 115-118. なお、行政訴訟手続については、法典化が急速に進み、二〇〇一年一月一日付けで行政裁判所法典が施行されるまでに至っている。

二　ラフェリエールとオーリウ

(1)　ラフェリエール　行政判例と学説の相互作用を論じる際に、しばしば引用される文献として、ラフェリエールが一八八七年に公刊した『行政訴訟概論〔第一版〕』の序文がある。(5) ここには、行政法理論における行政判例の重要性と、行政判例を分析する場合の基本的な方法とが明快に提示されている。以下、その内容を紹介しておく。

行政法の特色のひとつは、法典化されていないことにある。民法、商法、刑法等の法典は、立法者が裁判官によって適用されるべき法規範を編纂したものである。これに対して、行政法規は、法的紛争を想定してその解決を図ることよりも、公役務の遂行を保障することに重きを置いた組織と行為に関する法規なのである。法典化された法にとって、条文の解釈が主要な方法であり、判例は補助的なものに過ぎない。しかし、行政法にとっては事情が異なる。そこでは、判例が、学説にとっての不可欠な源のひとつである。なぜなら、判例によってのみ、恒久的な原則と偶発的な規定の間を調整し、条文間の序列を形成し、正義と衡平の一般原則から着想を得ることによって、条文の沈黙、曖昧さ、不十分

さを埋め合わせることができるからである。(6)

「我々は、行政訴訟という広大な領域の大枠を定めるだけの法規範を収集して注釈している。そして、これらの法規範は、比較的数も少なく、一般に非常に簡潔である。したがって、判例を用いてこれらを方向づけ、判例の中に法的解決の基本原理を探究しなければならず、学説が凝縮し明示する総合（synthèse）により、右の分析（analyse）作業を補う必要があるのだ。」「この総合は、部分的で断片的な解決を根拠づけるのみの個別事件に係るような、急ぎすぎたものであってはならない。なぜならば、右のような総合によってのみ学説の普及が可能であることに留まらず、かつそのように行われなければならない。総合は、あらゆる問題を熟成させた上でのみ可能であり、右の総合が、訴訟人に対する保障のひとつである安定性を確保するのに役立つからである。」「以上が、行政訴訟の諸原則を理解し、これを行政に関する他の領域に適用するために必要と思われる方法（méthode）である。私は、故意に諸原則（les principes）と述べた。と言うのは、行政判例を……そこから一般理論を導き出すことの困難な個別判決の寄せ集めとして扱うのは誤りだからである。」コンセイユ・デタは、破毀院と異なり、その判決を理由づける法的演繹（déduction juridique）の全てを提示するわけではない。しかし、この演繹が存在しないわけではない。この演繹は、常に先例を強く尊重し、条文が欠如している場合にわが国の公法あるいは行政法にある種固有の伝統的諸原則をその基礎とするため、政治体制の変化にもかかわらずそれほど変動しない。「私は、右の如き諸原則を導き出すように努めた。そして、この諸原則は私法の原則とどこが異なるのか、なぜ異なるのか、これらの原則が、行政の権利と対峙する個人の権利についてどのような法的保障を与えているのかを示すように努めた。(7)」

以上のラフェリエールの記述は、学説が個々の行政判例を「総合」し、そこから「原則」を引き出すための「方法」を示すものとして、フランス行政法における学説と判例の相互関係を論じる場合のひとつの基準となるものである。そして、ラフェリエール自身が右の「方法」によって「判例」から抽出した幾つかの「原則」（権力行為と管理行為の区別はその最も重要なものであろう）は、フランス行政法学の発展のひとつの起点となった。さらに、ラフェリエールの「方法」は、行政訴訟を中心に据えた行政法総論体系の構築において、決定的に重要なものとなったのである。[8]

もっとも、ラフェリエールの場合、その業績の中心は行政判例を素材とした行政訴訟の体系書であった。これに対して、現代的な判例批評という行政法学上の研究スタイルを確立したのは、ラフェリエールに続くモーリス・オーリウの業績である。

（5）　筆者は、一八九六年の第二版に再掲載されたものを参照した。Laferrière, Traité de la juridiction administrative et des recours contentieux, 2 éd., tome 1, 1896.
（6）　Ibid., p. XII.
（7）　Ibid., p. XIII.
（8）　ラフェリエールの行政法学の位置づけについては、参照、兼子仁「フランス行政法学の形成と展開」兼子仁＝磯部力＝村上順『フランス行政法学史』一五八頁以下。

(2)　オーリウ　オーリウは、その行政法体系書によって現代的な行政法総論体系を構築したことで知られている。そして、オーリウ自身、行政法の研究において行政判例が最も重要な対象となることを明確に述べている。すなわち、オーリウの行政法体系書では、コンセイユ・デタの行政判例こそが行政法学の最も純粋な内容を含んだものであるとされ、行政判例を研究対象とすることの重要性が大前提となっている。[9] 他方で、オーリウは、行政判例の評釈を継続して公表するという作業を続け、行政法学における判例批評という研究領域を生み出したのであった。オーリウは、一八九二年から一九二九年にかけて、『シレイ（Recueil Sirey）』誌上に、三七〇余の判例ノートを公表した。そして、これらは、後に子息の公法学者アンドレ・オーリウによって三分冊に体系化されて公刊されている。[10] このオーリウの判例評釈は、フランス行政判例の重要な発展の時期に重なることもあり（行政賠償責任の法理が確立し、越権訴訟の原告適格の拡大や裁量統制の理論が形成され、裁判管轄の標識についていわゆる「公役務理論」が展開された）、現在に至るまで常に参照される基本文献であり続けている。[11]

判例批評家（アレティスト）としてのオーリウの活動が果たした役割について、オーリウの死去を伝えた『シレイ』誌は、H. R. というイニシャルでのコメントを掲載している。[12] そこでは、一八九二年以前にコンセイユ・デタの判決について署名入りの評釈が付されることは稀であったこと、オーリウの評釈の執筆によって判例集の読み手が事案や関係判決といった資料を得られるようになったこと等を指摘しつつ、オーリウの評釈は個別の裁判例の集積物から「判例（jurisprudence）」を抽出する作業を行うものであったと評価している。さらに、右のコメントは、一八七二年の制度改革以降第一流の論告担当官の活躍ともあいまってコンセイユ・デタが真の行政裁判所となった時期にオーリウの仕事が開始され、オーリウの判例行政法学によって行政上の諸法規の集合体という古い行政法学のスタイルから法の科学としての行政法が構築されたことを指摘している。[13]

このように、オーリウは、その登場のタイミングや、業績の数の多さからしても、フランス行政法学における判例批評家のパイオニアであった。この事は、一九五九年に公刊された『行政判例の重要判決集（Les grands arrêts de la jurisprudence administrative）』におけるルネ・カッサンとマルセル・ヴァリーヌの連名の序文で、この『重要判決集』が、オーリウの判例ノートの現代版を作る試みであるとされていることからも明らかであろう（この『重要判決集』は、現在まで版を重ねてフランス行政法に係わる者にとっての必携文献となっている）。また、オーリウの判例行政法学と判例法との相互作用として最も重要と思われるのは、二〇世紀初めの判例法における公役務理論の導入であるが、この点についてはジャン・リヴェロの論文がつとに指摘するところである。[14]

筆者は、別稿において、オーリウの判例行政法学全般を素材とした研究を試みた。[15] したがって、ここでオーリウの判例行政法学の詳細について繰り返すことはしないが、彼の判例行政法学の特色として、大要以下のような三点を指摘することができるものと考えられる。

第一に、判例批評家（アレティスト）としてのオーリウは、行政裁判制度や行政訴訟システムを肯定的・積極的に評価し、右システムの拡充による行政に対するコントロールの強化を支持したという点がある。このことは、法技術的な面では、行政訴訟制度がそれを利用する訴訟人にとって利用しやすいものでなければならないという要請が重視されることになり、訴訟手続の統一化・単純化という一貫した方向性が主張されることに結びついた。この方向性は、行政裁判制度が確立し発展してゆくという行政裁判実務の側の傾向性とも適合し、オーリウの判例行政法学の影響力を増したのではないかと考えられる。

第二に、オーリウの判例評釈の内容は、それ自体、実務的な内容を多く含んでいるという点である。オーリウの判例評釈では、論告担当官による論告の要約あるいは分析や、類似の事案に関する先行判決や関連する裁判例の極めて詳細な整理・分析がその大半を占めることが多いように思われる（もっとも、これは筆者の印象論であって、定量的な分析を行った訳ではない）。オーリウ学説ということからイメージされるメタフィジックな議論の比重は、判例評釈においては必ずしも大きくない。もともとオーリウの判例評釈は、実務の方向性を敷衍することが多く、裁判実務の傾向性と合致するのは当然とも言える。もっとも、この意味で、判例評釈におけるオーリウ学説の独創性は、やや限定されると言えよう。

第三に、オーリウの判例評釈全体の量的な膨大さという点がある。一八九二年から一九二九年の全期間に渡ってペースを崩すことなく生産され続けた評釈は、行政判例が画期的な発展を遂げたこの時期の判例に対する一覧性という点からも、意義が大きい。すなわち、量的な大きさがそれ自体価値に転化しているという側面が指摘できるだろう。

いずれにしても、オーリウは、行政法学におけるアレティストの役割を規定し、また、裁判実務に一定の影響を与えたことは、否定できないと思われる。

以上のように、ラフェリエールとオーリウは、現代的な行政法学における行政判例の研究の第一義性という方向性を確立する役割を果たしたと言える。フランス行政法学の典型的な研究のスタイルが行政判例の分析にあることは、人の知るところである。また、オーリウ以降、ジェーズ、メストゥル、ヴァリーヌ等が判例批評家として大きな業績を残しているし、現在でも、判例評釈は生産され続けている。次に、現代に至る学説と判例の相互関係に関する議論の展開を追って行きたい。

(9) オーリウは、『行政法精義（Précis de droit administratif et de droit public）』の初版序文、第七版序文等で、行政法の研究における行政判例の第一義性を述べている。参照、拙稿「行政判例と行政法学(一)」立教法学四〇号一六頁以下。

(10) Hauriou, La jurisprudence administrative de 1892 à 1929, 1929. なお、この行政判例集には、モーリス・オーリウ自身の手による序文が付されており、彼の判例研究の方法が集約されたものとして参照に値する。

(11) 参照、拙稿・前掲注(9)三頁以下。

(12) H. R. とは、当時のシレイの主任編集者であったアンリ・ルソーであると推測されている。

(13) S. 1929, p. 33.

(14) Rivero, Hauriou et l'avènement de la notion de service public, Mél. Mestre, p. 461. なお、オーリウの判例行政法学を素材に、フランス行政法におけるアレティストの役割を分析した論稿もいくつか存在するが、これらについては後述する。

(15) 参照、拙稿「行政判例と行政法学――モーリス・オーリウの行政法学(一～四)」立教法学四〇号一頁以下、同四一号一一一頁以下、同四二号一三五頁以下、同四三号一頁以下、同『行政法学と行政判例――モーリス・オーリウ行政法学の研究』。

三　学説と判例の協働関係

(1) ジェーズ　学説と判例の相互関係という問題を自覚的に取り上げて現代に通じる議論の出発点を画定したと目されるのが、ガストン・ジェーズである。ジェーズ自身、判例批評家として大きな足跡を残したことは良く知られているが、彼は、一九一四年の『公法雑誌（Revue du droit public et de la science politique）』誌上に、「公法の科学の生成と展開に果たす判例の理論的研究の実際上の効用。裁判所の判決の研究における理論家の役割」と題する小論を著している[16]。この小論では、学説による判例の理論的探究の重要性と、理論家[17]が判例を研究する際の役割の二点が論じられている。

ジェーズは、まず、判例研究の意義について、先述のラフェリエールと同様に、フランス行政法の諸制度全体を支配する法的諸原則（principes juridiques）の抽出にあるという考え方を示す。そして、ジェーズは、法的諸原則の具体的内容について、法的技術の手段（法的地位、法行為、無効理論、法行為の取消し、既判力等）、私法の手法と対置される公役務の手法の理論、公務員理論、物の一般理論、公役務を正常に構築し組織化し作用させるための法的手段（不服申立て、責任の理論等）を挙げている。

ジェーズは、まず、行政判例のあり方自体について、次のように述べる。いわく、右に挙げた如き原則の大部分は、明文の条文により形成されたものではない。成文化された行政法典の欠如という条件の下で、コンセイユ・デタや権限裁判所の判決は、これらの潜在的原則（principes latents）を、明示的に述べることなく適用している。コンセイユ・デタは、判決の簡潔さ（laconisme）により、長々とした正当化をすることなく事案の具体的解決にとって適切な結論を導いている。そして、コンセイユ・デタの判例法の大胆な革新性は、個別の解決を一般理論から導くことを避け、不都合があれば判例法を修正し変更することができるということに由来している[18]、と。

次に、ジェーズは、行政法理論家の役割について考察を進める。いわく、法とは、ある時代のある国において、現実に実務家及び裁判所によって適用されるものであり、社会的な価値と力を持つものを意味する。すなわち、法とは、ある国のある時代の国民の多数が正義であり社会的に有用であると評価する社会運営規範（règles de conduite sociale）の総体である。理論家の役割は、第一に、右の規範を導き出し、分類し、明快で正確な形態を与えることにある。また、理論家は、右の規範の起源を説明し、その社会的、経済的、政治的事実の影響下での歴史的展開を示さなければならない。事実、なかんずく判決を緻密に注意深く分析することを出発点とせず、判決の正確で適切な総合を行っていない法的理論は、価値を有しない。理論にとって重要なのは、事実との完全な適合である。しかし、理論家の仕事は、事実ないし判決を分類し説明することに留まらない。これに加えて、理論家は、「批判的総合（synthèse critique）」を行わなければならない。すなわち、理論家の任務として、具体的事例に適用されている原理を提示するだけではなく、ある原理が、他の法的原理とどれだけ適合しており、社会的、経済的、政治的要請の下で、その時代や環境における相対的正義感覚とどれだけ合致しているのか、探究することがある。いずれにしても、理論家の任務は、実務家のそれを補うことにある。理論が、第一義的に現実の与件の体系化（systématisation）にあることは疑いない。そして、実務家の仕事が、個別案件の処理という非常に断片的で脈絡を欠くものであり、体系的でないのに対して、理論家の仕事は、体系化に適合している、と。[19]

以上のように、ジェーズは、行政法学が社会的事実と接合していなければならないとする実証主義的立場を鮮明にしつつ、行政法学説の役割として、裁判実務家によって生み出された判決の「批判的総合」と「体系化」を強調したのである。そして、ジェーズは、ラフェリエールの業績について、事実の観察と裁判判決の研究に基づく理論家の役割を示し、法の形成と発展に影響を与えたという意味で最も優れた例として高く評価しつつも、一九一四年時点での理論家の課題は、ラフェリエールの学説を克服し、公役務理論のドグマに基づいて行政判例の分析を行うことにあると結論づけたのである。

このジェーズの論文は、フランス行政法学説の側から判例研究の意義を論じる場合の標準的な考察になると同時に、フランス行政法学が行政裁判官と研究者との協働作業によって形成されることについてオプティミスティックな立場をとる古典的な文献と言える。

（16）　RDP 1914, pp. 311-321.

(17) ジェーズは、理論家（théoricien）という場合、論告担当官を含んでいないようである。判例と学説を対比する場合に、論告担当官及びその論告の位置づけが問題になる。この点については、後出注(27) のリヴェロ論文を参照。
(18) Ibid., pp. 311-312.
(19) Ibid., pp. 312-315.

(2)　一九五〇年代の議論　その後、一九五〇年代に至り、行政法学における判例と学説の相互関係が盛んに論じられるようになる。これは、コンセイユ・デタ自身の手による年報『研究と資料（Etudes et documents)』、及び、一九五二年に公刊されたコンセイユ・デタ創立一五〇周年記念論集の中に、右の主題に関する多数の重要な論文が掲載されたことによっている。[20] 例えば、ジェーズも、一五〇周年記念論集に「フランス行政法の発展におけるコンセイユ・デタと学説の協働」と題する論文を公表している。この論文は、きわめて簡潔であり、内容的にも前述の一九一四年論文を要約したに留まるものであるが、学説と判例の「協働（collaboration)」の成果を改めて高く評価した基本文献として良く知られたものである。[21]

さらに、右のコンセイユ・デタ創立一五〇周年記念論集には、判例法としての行政法のあり方について分析した注目すべき論文が多数寄せられている。[22] コルムナン、ロミウ、ブルムといった行政裁判の実務家の業績や、判例批評家としてのオーリウについて扱った論文なども目を引くが（オーリウに関するアリギ論文については、後述）、行政裁判官の「方法（méthode)」や「技術（technique)」という視点から行われた研究業績は画期的と言えるものであった。なかでも、ロジェ・ラトゥルヌリによる「コンセイユ・デタの裁判的方法に関する考察」と題する論文は、大きな影響力を持った力作である。[23] ここで使用されている「方法」や「技術」という概念がフランソワ・ジェニーの業績に由来することは言うまでもないが、このラトゥルヌリ論文をひとつの契機として、コンセイユ・デタないし行政裁判官の活動そのものを分析対象とし、その「方法」や「技術」を明らかにしようとする研究のスタイルが生じることになったのである。この研究スタイルは、一九七二年にイヴ・ゴドメが公刊した『行政裁判官の方法』と題するテーズや、[24]一九八〇年にステファヌ・リアルスによって公刊されたテーズ『フランスの行政裁判官と規準の技術』といった成果を生み出した。[25]これらの業績は、行政判例そのものを分析する学説の対応のあり方として注目されるのであるが、筆者には、その出発点となっているジェニー学説の理解を含めて、これらの研究業績を咀嚼して検討するだけの準備と能力はない。しかし、これらは、学説と判例の相互作用という観点からも注目されるものであり、今後の筆者の課題としたいと考えている。

一九五四年には、コンセイユ・デタ年報『研究と資料』に、ジョルジュ・ヴデルの著名な論文「行政法の憲法的基礎」が掲載される。このヴデル論文の末尾の部分は、行政法学説と判例の関係について扱っている。以下、これを引用したい。

「全体として、学説による構築と判例との間に完全な一致を期待するのは、幻想である。裁判官は、日々法廷に持ち込まれる紛争を解決しなければならず、法を語るとしても、必然的に実際上の偶発事について考察している。日常生活は、裁判官に対して、理論では予測できず、その結果として学説による構築の枠を超えてしまう諸問題を突きつける。法の生成過程において、裁判官は、最終的な立場にある。なぜなら、行政裁判官にとって、法を語ることは、多分に法を創造することであるからである。反対に、学説は、具体的事件よりも、裁判官による紛争解決から抽出される規範により関心を向ける。学説は、判例による解決の中に、可能な限りの結合関係を発見し、より豊かで単純な説明のための原則を探究しようと試みるのだ。」「しかし、結局のところ、判例による実体法に関心を示さない学説は、現実性を全く失ってしまう。同様に、学説による最小限の体系化をも無視する判例は、理解可能性を全く失ってしまう。判例と学説の対話は、自然でかつ有益なのだ。[26]」

このヴデルの記述は、「行政法の憲法的基礎」という主題の研究を行うことが持つ意味について、自ら述懐したものと言える。そこには、フランス行政法学における学説と判例の相互作用について積極的に評価する姿勢がうかがわれる。

さらに、コンセイユ・デタ年報『研究と資料』の一九五五年版には、ジャン・リヴェロが「行政法の展開における判例と学説」という論文を公表している。[27] このリヴェロ論文は、「判例」と「学説」の概念をそれぞれ再検証することから出発し、フランス行政法学における判例と学説の相互作用について緻密な分析を試みるものである。

リヴェロは、行政法理論の担い手という人的側面において大学人と裁判実務家が重複していること、歴史的に見て判例の発展が学説よりも先行したこと、コンセイユ・デタの判決理由の簡潔さ等の事情を踏まえつつ、フランス行政法学における「判例」と「学説」の密接な関係を改めて浮き彫りにする。その上で、とりわけ私法の領域との比較において、判例と学説の連続性が指摘される。すなわち、学説の作業は、法律と判決を対比させて判断するだけではなく、先行する判決群と当該判決を比較検討し、その意義や新しさを明らかにし、そこから導き出した準則を法システム全体の中に位置づけることを試み、さらにその位置づけとの関係で判例について判断を下すことも含む。したがって、個別事案に適用される準則を明らかにするという判例の作業と、その準則を体系化する学説の作業とは、本質的に連続的なのである。[28]

他方、リヴェロは、裁判官の作業を「経験主義（empirisme）」すなわち個別事案の正しい解決を探究する作用、学説の作業を「概念主義（dogmatisme）」すなわち個別事例の「総合」から一般的規範を明らかにする作用、として二分する一般的な考え方について、一面で正しいものの、既成概念と過度の単純化にとらわれた面があり、右の二分法的な図式化は必ずしも該当しないことを指摘する。リヴェロは、フランス行政法学において学説と判例とが強い相互作用の下にあることにつき、フランス行政法学の基本構造自体が、判例と学説の協働作業を前提としたものであるという考え方を示す。右の基本構造とは、第一に、法律的語彙（vocabulaire juridique）の使用という問題である。すなわち、判決が個別事案の解決作業であるとしても、法技術的用語の使用は避けられない。法律的用語は、一定の定義を前提としており、定義はそれ自体最小限度の一般化がなされている。したがって、「判例的作業」は、学説と裁判官の共同作業の成果である法律的語彙の使用という意味において、判例と学説の協働を前提としている。第二に、判例法が、社会的に意味のある法規範たり得るためには、成文法の公布と同程度にそれが認知可能（connaissable）でなければならないという観点がある。判例法の場合、個別の判決で用いられている規範が、判例法という形にまで純化されなければ、人の行動を制御する社会的規範にならない。すなわち、判例法は、裁判官にとって適用可能であり、かつ、行政主体と行政客体にとって認識可能な段階に至る必要がある。この判例法規範の伝播（diffusion）の作業が、「学説的作業」なのである。すなわち、判例法の形成過程は、その定式化と伝達過程を当然に含むもので、裁判官と学説との共同作業が不可欠ということである。[29]

以上のリヴェロ論文は、ジェーズやヴデルと同様に、判例と学説の協働関係をオプティミスティックに評価するという態度を示している。そして、行政法の場合、判例の役割は法の「体系化」にあり、民事法では立法作用として行われることに相当する部分が行政法学では学説の役割として構造的に展開されているという考え方が示されるのである。

なお、一九五〇年代には、先に述べたオーリウの判例行政法学を素材にしつつ学説と判例の関係を論じた文献が幾つか公表されている。例えば、前述のコンセイユ・デタ創立一五〇周年記念論集には、パザル・アリギの論文が掲載されている。[30] アリギによれば、真の判例批評家とは、その場限りの判例解説者とは異なって、法的ディシプリンを持っており、これに基づく基礎概念を持っている。そして、判例批評家は、その基礎概念に拠りつつ、個別の判決の検討から将来の判決に影響を与えるような帰結を導くという方法をとる。オーリウの場合、「行政の行為」及び「行政の特権」という二つの概念が、その基礎概念であった。そして、判例批評家の役割として、次の三点を指摘する。第一に、判決の問題点を指摘し、発展をフォローし、比較とアナロジーを行い、原則を抽出するという分析（classification）の作業、第二に、判決を、原理判決・事例判決・過渡的判決の三つに分け、過渡的判決についてこれが原理判決になることを助け、判例法の展開を指導するという、探究（recherche）の作業、第三に、判例法の転換を準備し、裁判官が行政の権限を抑制するという一般的な発展の方向へ導くという、裁判官の補佐の作業という三つである。そして、アリギは、オーリウの判例ノートについて、判例法の発展の方向を設定したという点でとりわけ重要な役割を果たしたと述べる。

また、コンセイユ・デタ年報『研究と資料』の一九五七年版には、ジャック・フルニエが、判例批評家としてのオーリウの意義についての詳細な論文を公表している。[31] そこでは、フランス行政法におけるアレティストとしては、オーリウとジェーズが特に大きな役割を果たしたが、中でもオーリウは、行政判例の発展を指導する特別に重要な役割を果たしたことが指摘されている。

以上、一九五〇年代にコンセイユ・デタ年報『研究と資料』やコンセイユ・デタ創立一五〇周年記念論集に掲載された、行政法学説と行政判例の協働関係に関する分析について整理してみた。これらの論稿は、裁判実務家と行政法学者の双方が、行政判例を行政法研究者が論じることの意義や方法について自覚的に再検討するという意図の下に積極的な議論を展開したものとして、大きな成果を上げたものと思われる。しかし、判例と学説の「協働」関係についてのオプティミスティックな評価を前提とするという意味で、やや一面的とも思える部分もある。

(20) Le livre jubilaire Conseil d'Etat, 1952, Sirey.（以下、LJCEと略す。）
(21) Jèze, Collaboration du Conseil d'Etat et de la doctrine dans l'élaboration du droit administratif français, LJCE pp. 347-349.
(22) この一五〇周年記念論集の全体につき、雄川一郎『行政の法理』六六九頁以下に紹介がある。

(23) Latournerie, Essai sur les méthodes juridictionnelles du Conseil d'Etat, LJCE pp. 177-275.
(24) Gaudemet, Les méthodes du juge administratif, 1972.
(25) Rials, Le juge administratif français et la technique du standard, 1980.
(26) Vedel, op.cit., p. 53.
(27) Rivero, Jurisprudence et doctrine dans l'élaboration du droit administratif, EDCE 1955, pp. 27-36.
(28) Ibid., p. 31.
(29) Ibid., pp. 34-35.
(30) Arrighi, Hauriou : Un commentateur des arrêts du Conseil d'Etat, LJCE p. 341.
(31) Fournier, Maurice Hauriou : Arrêtiste, EDCE 1957, p. 155.

(3)　判例と学説の協働関係の再検討　一九六六年に公刊されたリュシアン・スフェズのテーズ『フランス行政法学に対するオーリウ学部長の貢献』では、学説の判例に対する影響に対してペシミスティックに評価するという立場が示されている。[32] この博士論文は、直接的にはモーリス・オーリウの行政法学の分析を主題としているが、学説と判例の関係について、学説は判例法に対して明確な影響は殆ど持ち得なかったという一般的なテーゼが示されていることでも注目される。スフェズは、行政訴訟の実務家は個別事案に係る事実と関連する先例とにもっぱら目を向けており、行政裁判官の思考は論理というよりもむしろ問題解決のための暗黙の前提と直観に基づいていることを指摘する。スフェズは、これらの点から、コンセイユ・デタの実務家の多数は学説に対して警戒的態度（attitude défiante）をとっていると評価するのである。[33] さらに、スフェズは、行政裁判官と学説とが乖離する理由について、より具体的に次の五点を挙げている。第一に、裁判官の公平さがあり、裁判官は特定のイデオロギーに立てない。これに対して、学説は、特定の思想を支持していない場合にも、個人的な立場を明確にする傾向があり、裁判官とは距離が生じ易い。第二に、コンセイユ・デタは、法的安定性の観点から判例法の急激な変更を避ける傾向があり、学説による批判を安易には受け入れない。これは、それ自体として、優れた判例政策である。第三に、コンセイユ・デタは、下級行政裁判所に対して、自ら定期的に判決とその解釈を整理した資料を送付しており、裁判実務上学説の果たす役割が小さいことがある。これに対して、民事法では、学説が最高裁判決を解釈し明確化する意義がある。第四に、学説には争いがあるのが通常であって一致しておらず、裁判官にとってどれに従うべきかという余計な判断が必要になる。第五に、裁判官と学者の知的レベルでの交流が少なく、現在のコンセイユ・デタの論告担当官は仕事量が多く、学説のモノグラフィなど読まず、もっぱら実務上の資料のみによって実務を行っている、と。[34]

スフェズの考え方は、学説の判例に対する影響という意味を厳格にとらえた上で、学説と判例の交流の成果についてもペシミスティックに理解するというものである。学説の判例への影響の意味をより広く理解するならば、ジェーズ、ヴデル、リヴェロ等の先行研究との違いは少なくなると考えられ、スフェズ説が従前の通説と根本的に異なるものと評価することはできないだろう。しかし、判例と学説の相互関係についてペシミスティックな評価を正面から示したものとして、スフェズの論述は注目されるであろう。

その後、一九七二年には、イヴ・ゴドメが『行政裁判官の方法』と題するテーズを公刊した。[35] このテーズの中の「行政裁判官と学説」の項目において、行政判例と学説の相互関係についてトータルな整理・分析が行われている。ゴドメは、①学説が行政裁判官による具体事案の解決に直接影響を与え、これが判例法になった例、②学説による法の体系化が裁判官に影響を与えるという①よりも間接的かつ拡散した影響の例、③オーリウやデュギィの思想のような学説による「高次の総合（grandes syntèses）」が判例法に影響を及ぼすというさらに間接的な例、の三段階に分けて、学説が判例法の実質的な源となった例を提示する。[36] 他方、右のように影響を与えた例にしても、実定法はあくまでも行政裁判官を通じて形成されることを指摘しつつ、学説の解釈論が行政裁判官によって否定された典型的な事例についても、整理する。

以上を踏まえたゴドメの結論は、以下の如くである。学説は、行政裁判官の発想の源のひとつであり、直接的な場合もあるが、大部分はより拡散的な形での判例法のオリジンである。学説と行政裁判官との相互関係は存在するけれども、その理念の系譜を一般的に示すことはできない。しかし、学説が行政法の実質的な法源のひとつであることは否定できない。行政裁判官が判例法の形成という任務を行う場合に、時として、学説に基づく方法を用いることがある、と(37)。

ゴドメの見解は、フランス行政法における判例と学説の相互関係について、オプティミスティックな評価とペシミスティックな評価を折衷させたものと言える。しかし、ゴドメは、かつての論稿のようにオプティミスティックな評価を前提とするのではなく、行政裁判官の「方法」という枠組みの中で学説の意義を捉えるという形で、問題の精緻化を試みていると評価できるであろう。

(32) Sfez, Essai sur la contribution du Doyen Hauriou au droit administratif français, 1966.
(33) Ibid., pp. 482-484.
(34) Ibid., pp. 485-486.
(35) Gaudemet, op.cit.
(36) Ibid., pp. 153-158.
(37) Ibid., p. 161.

四　現在の議論

(1) フォルザキスの博士論文

比較的近年になって、行政法における判例と学説の関係を分析しようとする試みが行われている。ここでは、まとまった研究業績として、フォルザキスとドゥゲルグによる二つの博士論文をとりあげて検討してみたい。

まず、一九八七年に公刊されたテオドール・フォルザキスの博士論文『フランス行政法における概念主義と経験主義』には、判例と学説の相互関係の問題に関連する考察が見られる[38]。

フォルザキスは、抽象的・一般的概念を用いる「概念主義」と、経験的・個別的な与件を基にする「経験主義」を対置させ、フランスの行政法学説と行政判例の双方の展開過程を分析しようと試みる[39]。この「概念主義」と「経験主義」の対置という分析視角はそれ自体新しいものではなく、すでにマルセル・ヴァリーヌの論稿などで用いられたものである[40]。しかし、フォルザキスの博士論文は、すでに論じ尽くされたかの観もあった行政判例と行政法学の相互関係の問題につき、民事法や法哲学における研究の進展も踏まえつつアクチュアルな再考察を加えたという点で、注目される研究業績と言えよう[41]。

フォルザキスのテーズは、①行政法学説における「概念主義」と「経験主義」、②「概念主義」・「経験主義」と行政裁判官、という二部から構成される。このうち、第一部は、一九世紀初頭以降の主要な行政法学説について、「概念主義」と「経験主義」の対立という視点から通史的な分析を行っている。なかでも、考察の中心となっているのは、一九五〇年代以降の学説の展開である。一九五〇年代に入って、行政法学の「危機（crise）」が語られたことは、わが国でも知られている。例えば、ド・コライユは公役務概念の危機を、ロラン・ドラゴは公施設法人概念の危機を、それぞれ論じた。フォルザキスは、一九五〇年代に入って二〇世紀初めに体系化された「公役務」、「公物」、「公施設」といった行政法学の中心を占める概念に危機が生じて、行政裁判管轄・行政行為・契約・賠償責任等について新たな段階における概念化が必要になったと理解する。フォルザキスは、この「危機」に対する学説の対応として、「概念主義」によるものと「経験主義」によるものの両方があったことを指摘する。このうち「経験主義」は、「経験主義」が論じられる契機ともなったベルナール・シュノーによる体系化の拒否を念頭に置いている。シュノー説は、公役務概念の裁判管轄の標準としての法的意義を否定し、経験主義的に捉えられる法制度(régime)の総称に過ぎないとするものであった。[42]他方、「概念主義」は、公役務概念の再構築を唱えたラトゥルヌリィやローバデール、公権力概念を軸にすることを唱えたヴデル、公益概念によるヴァリーヌ、公管理概念によるリヴェロ等々の学説を指す。[43]これらの、一九五〇年代から一九六〇年代にかけての学説の動向は、わが国でも公役務理論の現代的再構築を巡る問題として、詳しく紹介されたものである。

さらに、フォルザキスは、「経験主義」に基づく問題提起に対するリアクションとして生じた学説の新しい傾向として、ラトゥルヌリ、ゴドメ、リアルス等による、裁判官の「方法」に着目した研究、及び、ヴェネジア、シャピュ、アムズレク等による、新しい体系化の試みという二つの傾向を挙げている。そして、第一部に関するフォルザキスの結論は、一九五〇年代の「危機」とシュノーによる「経験主義」の主張は、新たなステップでの概念主義化のきっかけを作ったものであり、現実と合わなくなった古い「概念主義」を補正し、次の段階の体系化へ向かうものと位置づけるものである。この意味で、フォルザキスは、学説における「概念主義」の優位を認めつつ、他方で「経験主義」の提起した問題の重要性を肯定するのである。[44]

フォルザキスのテーズの第二部は、行政裁判官の側について「概念主義」と「経験主義」の対置という視点から考察が試みられる。そして、この第二部は、第一部よりも詳細かつ豊富な分析がなされている。

フォルザキスは、行政裁判官にとって「概念主義」的なシステムは必要か？という問題に対して、肯定的に答えている。すなわち、行政裁判官は、判決を下すことに先行して一定の理論や法的概念が存在して始めて、規範的権限を持ち、法的安定性（sécurité juridique）を保つことが可能となる。「概念」は、行政裁判官の行為を導き、これを体系づけ、紛争解決に予測可能性を与えるのである。フォルザキスは、行政裁判官が判決を下すに際して、法的安定性や規範の一貫性の維持という点から、法的概念が必要と理解するのである。[45]また、フォルザキスは、フランス行政法の中心となる行政判例の形成過程においても、概念主義的な方法が重要であると捉える。すなわち、行政判例の形成が必要になったのは、行政裁判の数の多さや、判決理由の付記の義務といった要因によるのであるが、行政判例の発展過程で、判例の連続性の必要性等から、「原理判決（arrêt de principe）」や「重要判決（grand arrêt）」という概念が生じた。この「原理判決」や「重要判決」は、個別事案の解決から離れた一般性を持つものであるが、まさにこれらの形成について学説側の判例批評家（オーリウやジェーズ等）が一定の役割を果たしたことは明らかである。また、学説は、「原理判例」について、裁判管轄・適法性の原理・賠償責任・契約といった鍵概念を軸に再構成しているし、裁判実務における論告担当官の論告でも「原理判決」の存在は意識されている。このように、行政判例の発展過程は、「経験主義」と「概念主義」の両方を含んだものなのである。[46] 結局のところ、行政裁判官の活動における「概念主義」と「経験主義」とは、抽象から具象あるいはその逆の思考方法のいずれを採るかという問題である。そして、法律家が具体的事案のより望ましい解決を導くためには、具象から抽象という思考が一定限度で必要になる。コンセイユ・デタは、「総合」の精神を含んだ「総体的方法（méthode d'ensemble）」を用いている。すなわち、コンセイユ・デタは、①論理の要請よりも具体的事例の分析を主として、個別事案の現実適応性を重視する「目的論的推論（raisonnement finaliste）」、②判決が、判例政策（politique jurisprudentielle）の枠内で連続性と一貫性を保ち、判例法の歴史的な発展過程に適合しているかどうかへの配慮、③法システム全体との整合性といった観点からの緻密な法的分析により、客観的・法律的な与件を満たすことへの細心さ、といった要素を統合した「方法」を用いている。コンセイユ・デタは、右のような「方法」を用いることによって、事前に定められた抽象的規範を欠くにもかかわらず、裁判官による専制という亡霊を払拭している。そして、行政裁判官にとって「概念主義」と「経験主義」とは絶対的に対立するものではなく、行政裁判においては「経験主義」と「概念主義」の両方がそれぞれ緩和された形で混合しているのである。[47][48]

フォルザキスのテーズ全体の結論は、フランス行政法の展開において「経験主義」と「概念主義」の両方が補完的に重要な役割を果たした、というもので、それ自体は無難な形に納まっている。また、このテーズは、一九世紀以降の行政法全般に関する学説・判例をきわめて広範に分析対象としており、体系書的な記述に留まっているという印象を受ける箇所もなくはない。しかし、「経験主義」と「概念主義」という観点から学説・判例のそれぞれの生成過程を分析するというフォルザキスの分析枠組みは、フランス行政法学における理論と判例の相互関係、行政判例に対して学説・理論の側が果たす役割、あるいは従前の博士論文において採用されることの多かった判例分析型の判例行政法学の在り方について再考する新しい試みと言えるように思われる。

(38) Fortsakis, Conceptualisme et empirisme en droit administratif français, 1987.
(39) Ibid., pp. 22-25.
(40) 「経験主義」と「概念主義」を対立させる意味については、リヴェロによる序文の記述が参考になる。Cf. Ibid., pp. 13-15.
(41) このテーズに言及するものとして、兼子仁「フランス行政法学史概観」兼子仁＝磯部力＝村上順『フランス行政法学史』四頁がある。
(42) Ibid., pp. 134-140.
(43) Ibid., pp. 128-133.
(44) Ibid., pp. 144-145.
(45) Ibid., pp. 232-239.
(46) Ibid., pp. 263-283.
(47) Ibid., pp. 385-387.
(48) フォルザキスは、テーズの第二部において、行政訴訟における様々な法概念や言語の使用、判決作成の方法といった側面から多様な分析を行っている。筆者には、これらの点をフォローして検討するだけの準備と能力はなく、今後の課題としたい。

(2) ドゥゲルグの博士論文　一九九四年には、マリーズ・ドゥゲルグにより、『行政賠償責任法の生成における判例と学説』と題するテーズが公刊された。これは、フランス行政法の中でも判例により形成された典型とされる行政賠償責任法の領域全体について、判例と学説の相互関係を改めて検証することを試みた膨大な分量をもつ力作である。[49] このテーズの内容全体をここに要約することはできないが、その分析枠組みを設定するためになされた序論の部分は、近年の民事法の領域における研究成果等も取り込んだ検討が行われており、判例と学説の相互関係に関する現在の議論の水準を示すものと言えるであろう。[50]

ドゥゲルグの分析は、行政賠償責任法の領域が、学説と判例の共同作業を分析するのに適した領域であることを実証することから始められる。さらに、ドゥゲルグは、行政裁判官が何故に法規範を創造することが可能かというわゆる行政裁判官の規範的権限（pouvoir normatif）の問題について、裁判官の規範的権限とは個別事案に適用されるという意味での個別的規範を創造する権限なのであるのに対して、判例（jurisprudence）とは一般的規範としての法源性を認められたものであるので、裁判官の規範的権限からストレートに判例が形成されるわけではないという整理をする。そして、個別の判決が前提とする個別的規範が集積されて判例へと移行するのであるが、その過程、すなわち判例の形成と受容のプロセスにおいて、学説が一定の役割を果たしていると理解する。つまり、ドゥゲルグは、判例の形成と受容のプロセス（これを「判例的現象（phénomène jurisprudentiel）」と呼んでいる）に着目し、このプロセスにおいて判例と学説の相互作用を検討しようとするのである。[51]

ドゥゲルグの言う「判例的現象」とは、個別の判決に含まれた法規範の「胚」を抽象化・一般化する過程ということになる。ここで、裁判官の役割は、個別の紛争の解決に留まるのであり、規範を抽象化したりその射程を明らかにすることまで含むものではない。判例を形成するのに不可欠な一般化の過程は、裁判官ではなく学説の任務なのである。個別の判決を集積しただけで判例になる訳ではなく、学説によって一貫性のある判例が抽出される必要がある。したがって、判例の形成過程における学説の役割は、個別事案の解決のために裁判官が用いた規範から、法源性をもつ一般的規範としての判例を抽出する点に存するのであり、この意味で、判例形成過程において学説の役割は不可欠と言えるのである。(52)

さらに、ドゥゲルグは、行政法学の領域での学説による判例研究の意義に関する様々な見解に検討を加えた上で、フランスにおける通常の考え方によれば、学説の役割は個別事案の解決の比較と分析からひとつの体系を構築する「体系化（systématisation）」にあることを示す。(53) そして、通説的見解によれば、制度的に判例形成を行うのはあくまでも行政裁判官であり、学説による「体系化」の主たる役割は個別判決が示した解釈が新しいものであることを指摘したり、以前から存在したが顕在化していない規範の現れであることを指摘したりするにすぎないとされる。したがって、判例法の形成過程において、裁判官が規範を生み出すのに対し、学説は「体系化」というドグマティスムの方法のみによるという考え方が取られていることになる。(54)

以上のような通説的見解について、ドゥゲルグは改めて疑問を投げかける。ここで、ドゥゲルグは、行政裁判官及び学説の「技術（technique）」の分析という手法により、問題を再考するのである。この「技術」という観点はフランソワ・ジェニィの学説に遡るのであるが、ドゥゲルグは、「技術」の定義について、ラトゥルヌリイに従って「法律家が個別問題に関する自分なりの解決を導きかつそれを説明するために用いられる、探究、根拠付け及び説明のためのやり方の全体（ensemble des procédés）」と設定する。(55) 一般的な考え方では、判例的「技術」と学説的「技術」とを区別することになる。すなわち、裁判官による判例的「技術」は、一般から個別へという演繹的ロジックであり、学説の「技術」は、個別から一般的規範を導く帰納的ロジックということになる。行政賠償責任の領域について、成文法が欠如しているのであるから、裁判官が演繹的ロジックを用いる際には、公平・公益性といった一般原則から具体的事案を解決するという意味で、特色のある「技術」が用いられる。しかし、このことは、演繹的「技術」によっているという点で変わりがない。

しかし、ドゥゲルグは、裁判官＝判例的・演繹的「技術」、学説＝学説的・帰納的「技術」という単純な図式を批判する。すなわち、裁判官は、一般的には演繹的方法によるのであるが、帰納的方法も用いている。裁判官も、演繹を行う前提として「法的分析（analyse juridique）」を行うのであるが、その際には、帰納的方法によって諸原理に到達している。裁判実務家も、個別事案についてある規範を適用する際に、その規範の意味について分析するという理論的な作業を行っている。また、裁判官は、個別事案に適用される規範を導く判決理由を作成する場合には、「説得（persuasion）」のための「推論（raisonnement）」を行う必要がある。そして、この「推論」を行うためには、学説による議論（法的一貫性の見地から具体的解決の優劣を判断する方法）の参照が不可欠である。他方、学説の側は、個別判決を抽象化・一般化して規範を形成するという帰納的「技術」を用いることになる。しかし、学説の作業、すなわち、あるシステムとの偏差によって規範の適否や一貫性を判断するという作業においても、当該規範の正しさ・誤りを裁判官に説得するという局面では、裁判官と同様の「推論」による「説得」の技術を用いている。このように、ドゥゲルグによれば、裁判官と学説が用いる「技術」は相互排他的なものではなく、一定の協働を前提とするのである。そして、ドゥゲルグの見解の結論部分は、次のように記述されている。

「経験主義と概念主義とは、一方が裁判官で他方が学説という相互排他的特性ではない。学説が、個別事案において明示又は黙示的に含まれている規範を抽出して一般化することに関心を向けていることは確かである。しかし同時に、学説は、ある規範が法的効果を持ち得るために不可欠な、正確な定式化と伝播を保証するのである。[56]」

ドゥゲルグは、行政賠償責任法の生成過程において、学説と判例とが同じ平面で協働を行い得たことを、以上のような形で立証する。そして、テーズ全体の構造について、①学説の影響下での裁判官による演繹的な規範の創造作用、②学説による帰納的な規範の総合と判例の生成、という二部を設定した上で分析を進めている。[57]

（49） Deguergue, op.cit. このテーズは、九〇〇頁近い大作であるが、問題を行政賠償責任法の領域に限定した結果、判例と学説の相互関係についてより細密な分析を行うことに成功したものと思われる。さらに、ドゥゲルグは、一九九五年の『法律時報・行政法』五〇周年記念特別号にも、興味深い論文を寄せている。Deguergue, Le contentieux de la responsabilité : politilque jurisprudentielle et jurisprudence politique, AJ, 1995 spécial, pp. 211-226.

(50) Deguergue, Jurisprudence et doctrine dans l'élaboration du droit de la responsabilité administrative, pp. 1-30. この箇所におけるドゥゲルグの記述は、行政法の領域に留まらず、民事法や法哲学における多様な議論を広範に引用した興味深いものである。他方で、そこでの記述が、行政法（あるいは行政賠償責任法）の議論なのかより一般的な法律学全体の議論なのか、読み取り難い部分があるようにも思われる。

(51) Ibid., pp. 4-16. なお、裁判官が個々の判決においてつくり出す規範の性質について、モーリス・オーリウは、ディレクティヴ概念によって説明している。オーリウは、法規範の種子・胚（embryon）としてのディレクティヴ概念を想定し、集積されて判例という形をとる前段階の個別の判決における規範の説明を行った。これは、制度理論の中に位置づけられており、ディレクティヴとは制度内部の規律法であり、実体的な法規範としての判例法と区別するものとして説明されている。ドゥゲルグは、このオーリウの理解をひとつの参考として、自説を組み立てている。

(52) Ibid., pp. 11-16. この箇所におけるドゥゲルグの分析は、判例の法源性に関する様々な議論を取り込んでおり、興味深いものがある。

(53) Ibid., pp. 16-20.

(54) Ibid., p. 22.

(55) Ibid., p. 23.

(56) Ibid., pp. 24-26. なお、判例が公役務概念の形成に一定の役割を果たすような局面では、まさに帰納的「技術」を用いていたことが指摘されている。

(57) ドゥゲルグのテーズは、これを出発点として詳細な分析が展開される。その内容を具体的に検討する余裕はないが、大要以下のような考察がなされている。裁判官による演繹的方法については、結局、行政賠償責任の領域について、行政裁判官が、公役務の必要性と被害者の保護について「公平」の観点からバランスを考え、そこから具体的な解決方法を演繹していると言うことが可能か？ということが問題になる。裁判官が「公平」の観点からアプローチしていること自体は、正しいと認められる。しかし、右の意味での「公平」と具体的結論との間には、公負担の前の平等の原則、過失の推定の法理等の様々な法原理が介在している。そして、これらの諸原理の形成に当たっては、学説が一定の影響を与えていると理解することができる。一方、学説の帰納的方法と判例の形成との関係については、フォート、リスク、損害、因果関係、不可効力、個人的過失等々の、行政賠償責任法の領域で用いられる様々な法概念は、いずれも学説の影響下に形成されたものであり、行政賠償責任に関する判例法の形成は裁判判決と学説の協働的作用によるものであったと言い得る。

五　おわりに

以上、行政判例と学説の相互関係に関する、フランスの議論の状況を概観した。近年におけるフォルザキスとドゥゲルグのテーズは、いずれも、判例と学説の相互的関係について、基本的な分析視角を改めて設定しつつ、新たにかつオプティミスティックに捉え直そうとするものと言えよう。これらのテーズの分析は、行政判例の形成に対する学説の役割という問題について、現在でもアクチュアルなものとして関心が向け続けられていることを示している。

そこで、最後に、今後の研究課題となるべき三つの点を述べておきたい。

第一は、いわゆる「判例政策（politique jurisprudentielle）」の形成過程についての、実証的な検討の必要性である。ここまで検討してきた議論において、コンセイユ・デタ自身が作り上げる判例政策がいかにして生成されるのかは、十分に論じられていない。おそらく、コンセイユ・デタ内部で判例の整理等の作業を行う際に、どのような方法で、何を考慮してそれが行われているのか?という問題の実証的な分析が必要になるのではないか、と思われる。これは、行政法学の比較法的アプローチによる研究対象としてフランスの行政裁判制度を設定する場合に、解明すべき重要な課題のひとつと言えよう。

第二は、判例と学説の共同作業に対する評価が、行政法の法典化が進行し、また判例法も一定限度の蓄積をみた現在において、一九五〇年代までの議論と同質のものであるのか、また、判例と学説の共同作業が将来に向けて変化がないのか、という点である。この問題については、法哲学や民事法の領域での新たな議論についてフォローしつつ、現在の問題状況と議論動向のより仔細な検討が必要になると思われる。

第三に、フランス行政法においてひとつの潮流をなしている行政裁判官の「方法」に関する研究について、その比較法的意味を検討する必要性である。わが国において、フランス行政法を対象とした研究はすでに一定の蓄積を見ており、とりわけ学説史的な側面での理解の水準は相当に高いものと思われる。他方で、近年のフランス行政法学の研究業績の系譜の中で、コンセイユ・デタや行政裁判官そのものの活動について、その法的「方法」や「技術」という角度から分析したものについて、わが国で十分に紹介されることは少ないように思われる。ここで、わが国の行政法に係る裁判例に目を向けるならば、裁量のコントロール、抗告訴訟の訴訟要件、国家賠償請求の要件等々の典型的な論点に関して、きわめて抽象的な法概念から出発して個別の訴訟の具体的事例の解決が導かれ、そこから一定の通説・判例なるものが形成されていると思われる。ここで、裁判実務家あるいは最高裁判決の「方法」ないし「技術」という視角からの分析が何らかの意義を持ち得る可能性はあるし、その場合に、フランス行政法学における研究が比較法的に無意味ではないと考えられる。

これらの主題について、筆者がここでさらに論述を進める準備はないけれども、今後の課題として取り組みたいと考えている。(58)

(58)　筆者は、拙稿「判例実務と行政法学説――方法論をめぐる一考察」塩野宏先生古稀記念『行政法の発展と変革(上)』三六一頁以下において、このようなフランス行政法学の議論状況から示唆を受けつつ、日本の行政法学の方法論を分析しようとすることを試みた。

参考文献

（本書の注で引用した文献のうち、日本語の著書について、発行所と刊行年を付して掲げる）

阿部泰隆・フランス行政訴訟論（有斐閣・一九七一）
阿部泰隆・行政訴訟改革論（有斐閣・一九九三）
伊藤洋一・フランス行政訴訟の研究（東京大学出版会・一九九三）
遠藤博也・行政行為の無効と取消（東京大学出版会・一九六八）
遠藤博也・実定行政法（有斐閣・一九八九）
雄川一郎・行政争訟法（有斐閣・一九六六）
雄川一郎・行政の法理（有斐閣・一九八六）
雄川一郎・行政争訟の理論（有斐閣・一九八六）
兼子　仁・現代フランス行政法（有斐閣・一九七〇）
兼子　仁・行政行為の公定力の理論〔第三版〕（東京大学出版会・一九七一）
兼子仁＝磯部力＝村上順・フランス行政法学史（岩波書店・一九九〇）
神長　勲他編・室井力先生還暦記念論集・現代行政法の理論（法律文化社・一九九一）
神谷　昭・フランス行政法の研究（有斐閣・一九六五）
北村一郎編・現代ヨーロッパ法の展望（東京大学出版会・一九九八）
小島武司他編・フランスの裁判法制（中央大学出版部・一九九一）
小早川光郎＝宇賀克也編・塩野宏先生古稀記念・行政法の発展と変革〔上・下〕（有斐閣・二〇〇一）
近藤昭三・フランス行政法研究（信山社・一九九三）
最高裁判所事務総局行政局監修・欧米諸国の行政裁判法制について（法曹会・一九九六）
塩野　宏・オットー・マイヤー行政法学の構造（有斐閣・一九六二）
司法研修所編・フランスにおける行政裁判制度の研究（法曹会・一九九八）
杉村敏正編・行政救済法Ｉ（有斐閣・一九九〇）
園部逸夫・裁判行政法講話（日本評論社・一九八八）
高木　光・事実行為と行政訴訟（有斐閣・一九八八）
滝沢　正・フランス行政法の理論（有斐閣・一九八四）
滝沢　正・フランス法（三省堂・一九九七）
成田頼明他編・雄川一郎先生献呈論集・行政法の諸問題〔上・中・下〕（有斐閣・一九九〇）
西村宏一他編・国家補償法大系Ｉ（日本評論社・一九八七）
橋本博之・行政法学と行政判例（有斐閣・一九九八）
広岡　隆・行政強制と仮の救済（有斐閣・一九七七）
ファボルー他（植野妙実子他訳）・フランス公法講演集（中央大学出版部・一九九八）
フランス行政法研究会編・現代行政の統制（成文堂・一九九〇）
宮崎良夫・行政争訟と行政法学（弘文堂・一九九一）
村上　順・近代行政裁判制度の研究（成文堂・一九八五）

村上　順・フランス地方分権改革法（地方自治総合研究所・一九九六）
リヴェロ（兼子仁他編訳）・フランス行政法（東京大学出版会・一九八二）
山田幸男・行政法の展開と市民法（有斐閣・一九六一）
山村恒年編・市民のための行政訴訟制度改革（信山社・二〇〇〇）

橋本 博之（はしもと・ひろゆき）
1960年山口県生まれ。
東京大学法学部卒。現在、立教大学法学部教授。
この間、パリ第2大学、ハイデルベルク大学で
客員研究員を務める。専攻、行政法。
主著：行政法学と行政判例（有斐閣，1998，渋沢・クローデル賞）
行政法［第2版］（有斐閣，2001，共著）
放送制度の現代的展開（有斐閣，2001，共著）

行政訴訟改革〔行政法研究双書 16〕

平成13年9月15日　初版1刷発行

著　者　橋 本　博 之
発行者　鯉 渕　年 祐
発行所　株式会社　弘 文 堂　101-0062 東京都千代田区神田駿河台1の7
TEL 03(3294)4801　振 替 00120-6-53909
http://www.koubundou.co.jp
編集協力　東 弘 社
印　刷　大盛印刷
製　本　井上製本所

ISBN4-335-31202-4